ソーシャルワークを支える宗教の視点

その意義と課題

ラインホールド・ニーバー［著］
髙橋義文・西川淑子［訳］

THE CONTRIBUTION OF RELIGION TO SOCIAL WORK

by
REINHOLD NIEBUHR

聖学院大学出版会

The Contribution of Religion to Social Work

by
Reinhold Niebuhr

恩寵と赦しの宗教的経験は、生の多様な営みのうちにあって、さまざまな必要を満たしています。それは抜け目のない現代が理解するよりもはるかに現実的です。罪を赦し、「たといあなたがたの罪は緋のようであっても、雪のように白くなるのだ」［イザヤ一・一八］との確信をもたらす神の愛は、単なる想像から生まれる虚構ではありません。それは、生活の中に姿を現す現実的な力である癒しの力についての宗教的象徴なのです。自然の中にさえ癒しと救いの力があります。稲妻によって打たれた木がいつも枯れるとは限りません。幹の裂け目は覆われ、その痛みは自然自体の力によって止められます。もし汚染された空気を洗浄する自然の豊かな錬金術がないとしたら、大都市の共同体は窒息せずにどのように存在できたでしょうか。

（本書五四頁より）

目次

凡例

1. 人名の表記は原則として以下に従った。『キリスト教人名辞典』（日本基督教団出版局）、『キリスト教大事典』（教文館）、『岩波西洋人名辞典　増補版』（岩波書店）
2. 聖書は、特記していない限り、日本聖書協会口語訳を用いた。
3. ［　］内は、すべて訳者の補足と説明である。

まえがき

ソーシャルワークの領域への宗教の寄与に関するこれらの講演は、一九三〇年の「フォーブズ講演」としてニューヨーク・ソーシャルワーク大学院でなされたものです。出版準備のためのわたしの力不足のゆえに、出版が一年以上も遅れてしまいましたが、印刷されたものはほぼ講演したとおりの内容です。わたしに与えられた多くのご親切とこの仕事を完成させるためにこのように多くの時間を与えてくださった忍耐に対し、ニューヨーク・ソーシャルワーク大学院の担当者の方々に心より感謝申し上げます。

読者は、著者が説明するまでもなく、この講演が、専門的なソーシャルワークの分野でなく、宗教と倫理学の分野を専門にしている者の見解であることに気づかれると思います。それゆえ、当然のことながら、ソーシャルワークの専門家はこの書に多くの脱落や誤解を見つけることでしょう。それらについては、ソーシャルワークの諸問題に関するより詳細な知識によって補い修正していただけたら幸いです。

一九三二年六月

ラインホールド・ニーバー

序文

生きるための方法や手段が突如その効力を失うとき、人生の目標は何かということが非常に重要になってきます。方法や手段は日常的な現実の中にあるものですが、その現実は時に、方法や手段を円滑に機能させることと、われわれをそこに向かって引き上げるはずの目的とを混同させてしまいます。われわれは、それまで役目をうまく果たしてきた方法や手段が機能しなくなったとき、はじめて、方法や手段は結局のところ生存のための装置の一部にすぎないということに気がつくことでしょう。われわれは、その装置をつくり上げ信奉する過程で、それがつくられた目標を見失うというようなことはなかったでしょうか。進歩の方法や手段を開発するにあたってそれを特徴づける目標を具体的に策定してきたでしょうか。

ニーバー博士の書物は、文明の装置が不幸にも機能不全を起こしている、そのようなときに刊行されました。この書で、博士は、その特徴ある明晰さと緻密さで、人間の理性や技術の創造力を超える動機や目標を人類がいかに必要としているかについて分析しています。宗教と、生の営みにおける宗教の役割について、読者は博士と意見を異にするかもしれません。博士の見方を行き過ぎと考える人もいるでしょうし、物足りないと思う人もいるでしょう。

しかし、理性の領域を越えたさまざまな動機づけと、公共の利益を求めるすべてのたゆまぬ努力の関係についての博士の明快で力強い説明に異論はないでしょう。博士の議論は、ソーシャルワーカーの視野を大きく広げてくれるはずです。変動する世界にあって、ソーシャルワークの目標と宗教的な原動力を再検討する必要がますます大きく意識される時代を前にして、博士の議論の精神と趣旨はどちらも、この仕事に従事するソーシャルワーカーたちの確信に必ずや寄与することでしょう。

本書は、ニューヨーク・ソーシャルワーク大学院での「フォーブズ講演」のもとで出版される三冊目になります。もっとも、一九三〇年になされたニーバー博士の講演はシリーズの第二回講演でした。第一回は、マウントホリヨーク・カレッジのエイミー・ヒューズ博士による「ソーシャルワークへの経済学の寄与」(一九二九年)、第三回は、コロンビア大学のR・M・マッキーヴァー博士による「ソーシャルワークへの社会学の寄与」(一九三一年)です。

ニューヨーク・ソーシャルワーク大学院院長
ポーター・R・リー

第一章

ソーシャルワークの歴史における宗教

これまで、社会の弱い成員のために慈善的な配慮をする方策が何もないような社会は存在しませんでした。原始社会では、最小親族集団の成員のために相互扶助がなされていたことでしょう。［しかし］それは、生き残りをかけた熾烈な闘争によって限定されていたと思われます。その闘争は、高齢者や病弱な若者や、自らの集団を援助することもそれを約束することもできない生きている者たちをすべて排除しようとするものでした。しかし、おのずから生じる慈善への思い、父性や母性の衝動、苦難への共感、強者による弱者への同情といったことはすべて原始共同体の中に存在していました。人間の長い歴史は、そうした人間の本来的な衝動をただ変革し拡大してきた歴史にすぎません。その変化と成長の過程で、明らかに、二つの力が慈善の衝動を精練することに寄与してきました。増大する知性と次第に洗練される宗教精神の二つです。複雑な歴史の中で、それぞれの寄与の割合がどれほどのものであったかを測ることは容易ではありませんが、この二つのどちらについても、その重要性を否定する理由はありません。

古代ギリシャ・ローマの世界では、増大する知性が、社会の考え方を改良し相互扶助を促す主要な要因となっていたことは明らかです。宗教的要素が多少混合しているストア哲学は、その時代の残酷な状況を緩和し、忠誠心を高め、社会的責任を拡大することにおいて、当時のどの宗教よりも有効でした。

古代ヘブライ世界では、社会的良心の向上は明らかに宗教の進展に伴っていました。［紀元前］八世紀の預言者たち［イザヤ、アモス、ミカなど］に始まる預言者運動は、貧しい人々の必要を、神がとくに関心を持たれている事柄と見なし、それゆえ神の子たちに課せられた特別な責務と見なしました。貧しい人々は、収穫後の畑の落ち穂を拾うことが許されていました。(1) 七年目の年は、一種の素朴な破産手続きを禁止し、貧しい人々の負債を軽減することが許されました。(2) 週ごとの安息日も、当初は古代の宗教的禁忌の基本を命じたものでしたが、後の律法では人道主義的な理由づけを獲得しました。(3) 申命記は、産物の第一の十分の一を神殿のために、第二の十分の一を貧しい人々のために納めることを規定しています。(4) また、貸付け金のために着ている衣服を質物に取ることを禁じていましたし、(5) 貸付け金に対する利息の禁止は明らかに貧しい人々の保護を意味していました。(6) その際自国の者と外国人とを同一の法で律していることがしばしば人道的であるように見なされますが、そのことに人道主義的な意味はありません。なぜなら、外国人は実際にはヘブライ人と完全に同じ権利を持っていたわけではなかったからであり、外国人をもてなす習慣は、ほとんどの原始社会においてさえ、一定の制限された権利を外国人に保証するものでもあったからです。(7) ヘブライ民族のモーセの五書における、貧しい人々や困窮している人々に好意的なごく初期の律法は、明らかにハンムラビ法典［古代バビロニアの法典］から借用されていますが、そこには、預言者運動から生み出された、貧しい人々や困窮している人々に対する共同体のさまざまな責任が大きく強調されるようになっていることも否定できません。

キリスト教神学者や歴史家たちは、古代世界の愛の欠如と初代教会の愛の倫理の対照をいつも強調しがちですが、事実は、宗教精神が原始教会において、思いやりのある社会的姿勢を生み出すことにおいて新たな勝利を得たということでした。信仰と想像力が、間近に迫った主の再臨への希望が生み出した自己放棄の姿勢と結びつき、社会に対する考え方を家族から大きな宗教共同体に拡大させたのでした。なるほど初代教会の共産生活の試みは失敗しましたが、その短い共産生活は、宗教的情熱によって鼓舞されたとき、人はどれほどまで社会的責任を果たせるのかを明らかにすることに役立ちました。初期キリスト教の愛の精神は、所有への欲求を一掃することによって始まりましたが、ほどなくして習慣的な慈善に後退してしまい、宗教的に動機づけられた衝動の弱さを露呈することになりました。これについては、あとでもう少し触れることになります。使徒行伝に伝えられている共産生活の試みが初期において失敗したにもかかわらず、二世紀末になっても、テルトウリアヌス［一五〇／六〇―二二〇頃。三世紀最大の教父・神学者］は、「妻を除けば、われわれはすべてを共有している」[8]と言うことができました。これは、初代教会の精神の価値だけでなく、その限界についての手がかりも与えてくれる発言です。オリゲネス［一八五頃―二四五頃。ギリシャ教父。アレクサンドリア学派の代表的神学者］は、「貧しい者に与えるために断食をする者は幸いである」[9]という外典［ユダヤ・キリスト教の文書で、聖書正典に入らなかった文書］の使徒の言葉を引用しています。富に対する初代教会の批判的な姿勢は、一部に、慈善を強調する傾向を生み出しました。キプリアヌス［二〇〇／二一〇―二五八。カルタゴの司教］は、洗礼を受ける前にかなりの財産を売り払い、それを教会と貧しい人々に提供しました。[10]かれはまた、カルタゴの教会で、困窮している他の教会のために四千ドルに相当する資金を集めましたが、[11]それは、当時の経済資源を考えると驚くべき額の慈善でした。クレメンス［アレクサンドリアのクレメンス 一四〇／一五〇頃―二一一／二一五頃。ギリシャ教父］は、贅沢な生活の危険に警告を発しましたが、それは、初代教会の富に対する厳格な態度と社会に深く根付いた所有の欲求との間に、教会が試みた多くの妥協の一つでした。[12]初代教会において社会に対する慈善は寡婦たちの仕事でしたが、それは徐々に女性の奉仕活動運動へと展開していきました。今日でもこの制度は、カトリック教会や、それより小さな規模でアングリカン教会［もしくはイングランド教会。日本では聖公会］やルター派教会や女子愛徳修道会［カトリック教会で、女子信徒の会として組織され、慈善活動を行った。のちに修道会となり、とくに近代の看護、病院の発達に貢献した］において維持されています。使徒時代の教会では、「アガペー」と呼ばれる会員による愛餐会が貧しい人々のために提供されるのが常でした。教会の会員はそれぞれ、自分の能力に応じて食物を共通の食卓に持ち寄り、必要に応じてそこから食物をとりました。時には指導者たちが、会員たちが勝手に自分のものを食べ尽くしてしまうことで、完全な助け合いの精神を損なうことがないよう会員に勧告する必要があったことは、覚えておかなければなりません(13)。

さまざまな宗教的動機が初代教会における愛の精神を強調する力となっていました。イエスの模範による鼓舞、共通の父〔神〕がいるという近親感、それによって教会員たちが「キリストのからだ」において一つになっていると感じたパウロのキリスト神秘主義、初期キリスト教共同体の千年王国的希望〔千年王国―万物の終わりの前にキリストが千年間地上を治められる（黙示録二〇・一―五）という信仰。至福千年期とも言う〕から生み出されたこの世を放棄する意識などです。原始キリスト教の共同体において神との近親感が人格を尊重する考え方をどれほど高めたかということは、海から打ち上げられた死体を埋葬する責任を負う習慣を正当化するために語られた、次のような言葉から手がかりを得ることができるでしょう。「われわれは、神のかたちに造られた者が野獣や鳥の餌食になることを許すわけにはいきません(14)」。

初代教会の慈善精神は、敵対する世界に生きた、数の上でも弱体な共同体に自然に生まれた連帯感の結果でもありました。たとえば、もてなしの強調が、およそ同情されることのまったくない世界に生きる小さなセクト［分派］の会員の間に自然に生まれた仲間意識のゆえであることに疑いの余地はありません。それゆえ、コンスタンティヌス［二八〇頃―三三七。キリスト教を公認したローマ皇帝コンスタンティヌス一世］の改宗による教会の合法化が、キリスト教の慈善精神の魅力的な側面を幾分か破壊してしまったことは避けられないことでした。貧困が蔓延したコンスタンティヌス時代の社会的混乱は、教会への挑戦であり、見過ごしにはされませんでした。もちろん、教会を善行へと奮い立たせた、貧困のさらなる根本的な原因についてまで考えることはまったくありませんでした。与えられた社会状況は当然のこととして受け止められていました。しかし、その枠内で、人間の苦しみを救うという大胆な努力がなされていたのです。クリュソストモス［三四七頃―四〇七。四世紀の代表的教父］は、かれが慈善について多く語りすぎると考えた批判者にこう答えました。「そうです、わたしが説教することはすべて施しについてです。わたしはそのことを恥じておりません」[15]。アウグスティヌス［三五四―四三〇。北アフリカのヒッポの司教。西方古代最大の教父］は、儀式主義の不毛さに触れて次のように言明しました。「クリスチャンの真の犠牲は、貧しい人々への施しです」[16]。病院が最初に組織されたのは、キリスト教の援助のもとではなく、背教者ユリアヌス［三三二―三六三。反キリスト教的政策をとったローマ皇帝］の保護のもとであったということにはある程度証拠があるものの、それにもかかわらず、病院は、六世紀、キリスト教の指導のもとで、ある時は聖職者たちの鼓舞により、ある時は修道院の影響のもとで、実質的な発展を見たという事実が残っています。

組織的な慈善活動は、中世をとおして急速に進展していきました。それは、教会の全般的な状態が徹底した堕落の淵に瀕した時期やそのただ中にあった時期でさえそうでした。修道院運動は、個人主義的で社会問題にはおよそ無関心であったというかの特徴がありましたが、それにもかかわらず、修道院は驚くべき社会的慈善活動を代表するものでした。修道院の壁の内側で、貧しい人々には食料が与えられ、農夫には農業の方法が教えられ、芸術が保護され、教育が発展しました。修道院運動には発展した時期もあれば衰退した時期もありました。それについてはここではたどりませんが、その実質的な結果において、修道院運動は、多くのプロテスタントたちが理解し評価しているよりも、宗教精神の社会的原動力をはるかに強力に証ししたのでした。

修道士だけでなく司教もまた慈善を担いました。中世の社会機構は家父長制でした。それより徹底した正義を実現するために社会を再編成することは考えられないことでした。すべての人は、生涯自分の社会的地位を受け入れ、上の人には従順に、自分より幸運でない人々には情深くあるよう明快に命じられていました。司教たちは貧しい人々の世話のためにとくに責任を負いました。多くの司教たちは生活の大部分を奔放な生活と不毛な戦争に浪費していましたが、それにもかかわらず、中世の歴史は、慈善の働きに献身した善良な司教たちの立派な物語で満ちています。中世の慈善事業は、社会身分制度を受け入れ、伝統的な「女性慈善家」の感傷的な慈善を賞賛し、普遍的な社会的保守主義［現状の社会構造を受け入れ、変革を望まない姿勢・立場・思想］を受容していました。もし、そうした中世の慈善事業が、社会的想像力を涵養する力ではなく、むしろ宗教の弱さのほうを多く露呈しているように見えるとしたら、固定した社会概念を持つ中世期においては、［宗教が］社会の問題を革新的に除去することを考えることなどまったく不可能であった、ということを忘れてはなりません。さらにあとで検討するように、宗教に動機づけられた社会への情熱は、いつも、ある社会状況を当然のこととして受け入れ、そこに設定された枠内で思いやりのある社会的態度を表す誘惑にさらされていることも認めないわけにはいきません。

中世における慈善への次のような強力な動機は、現代人には魅力のないものでありましょう。すなわち、中世期に広く行きわたっていた彼岸性と、個人の死後の運命を握るのは教会であるという先入見です。それは、慈善が多くの罪を覆うという、聖書の洞察についての律法主義的解釈と結びついて、貧しい人々への施しが将来の刑罰から免れるための保険となっていました。この施しの形態があまりにも形骸化してきたため、煉獄［死後、罪の償いを果たすまで霊魂が苦しみを受ける場所。カトリック教会の教理］からの解放を保証するためにどれだけの慈善が必要とされるのかが非常に厳密に計算されるようになりました。ある教会会議で、富裕な信徒が、罪の三百年分を償うだけの十分な施しをしたことに基づいて、貧しい人々のためという名目でなされる教会税の強制的な取り立てに反対したことがあったという記録が残っています。フランク王国の王妃フレデゴンド［五九七没］は、王位継承の競争相手を排除するために殺し屋を雇いましたが、その決死の企てに成功すれば高い名誉を約束し、失敗してもその命日に規定の施しをすることを約束しました。後者の約束は、魂の救いを保証することを意味するものでした(17)。この施しの公認がついには単なる営利事業に退化し、富裕な罪びとが天国に行く手段を購入することになったのは自然の成り行きでした。教会がさらにもっと堕落した時代には、国民の大多数が深刻な窮乏に苦しんでいるときに、司教の座の特権を奔放な生活と高価なサープリス〔聖職者の衣装の一つ〕や不必要な教会の大建造物に浪費する高位聖職者たちがあふれていました。しかしそのような時代にも、司教を、抑圧されている者の父また擁護者と見なす司教制の伝統になお忠実な者もいました。

カトリック教会の大規模な組織的慈善活動は、中世精神の端的な遺産です。社会を批判的に見る研究者はこの慈善精神に多くの欠点を見つけることでしょう。この慈善精神は、社会を固定的にとらえることに基づいており、貧しい人々を、慈善を促進するために神が定められた道具と見なすという現実離れした愚かさに帰結することもありました。こうして貧困を除去することを、キリスト教社会精神のまったくの境界外に位置づけることになってしまいました。しかし、中世には、社会の連帯と責任を負い合うという宗教に鼓舞された意識がありました。それと比較すると、近代はその全体をもってしても中世にはおよびもつきません。いまでもいくつかのヨーロッパの国々に生きているノブレス・オブリージュ〔貴族の義務、高貴な義務〕という貴族意識は、中世の精神的理想主義に源を持つものですが、そこには、今日の進んだ商業・産業階級における、人間のさまざまな必要への冷酷な無関心にはるかにまさる卓越した姿勢があります。キリスト教には、人格の価値に対する畏敬の念や富と贅沢に対する批判的態度や福音による愛の理想の強調といった強みがありましたが、それは、キリスト教会によって完全に支配されていたこの時期の社会的情熱に決定的な影響を与えました。

プロテスタントの宗教改革が中世の社会精神の最も実りある部分を破壊することになることは避けられませんでした。プロテスタントは、［カトリック］より純粋で人格的な神秘主義の名において、サクラメント主義［サクラメントは教会の礼典。カトリック教会では秘跡と訳されている］のさまざまな外形を重んじる仕方に抗議しました。しかし、プロテスタントは、サクラメント主義が、外形尊重主義という欠陥だけでなく社会の問題を正しく認識するという価値も生み出したことを認めることができませんでした。サクラメント主義の教会には、それより個人的な要素の強い宗教神秘主義にはない、教会と国家をともに社会的有機体とする感覚がありました。プロテスタント教会は、必然的に、中世の社会的伝統の最高の要素を維持することは不可能ではないにしても困難であると見なす個人主義を醸成することになりました。さらに、宗教改革におけるルター派の「信仰義認」の強調は、容易に静寂主義［信仰の内面性を重視し、社会的活動に消極的な立場］に退化し、最悪の場合、信条主義［一定の信条に拠って立場の正当性を主張する態度・思想］に退化していきました。信条主義は、あらゆる倫理的社会活動を「汚れた衣」のような「正しい行い」［イザヤ六四・六「われわれの正しい行いは、ことごとく汚れた衣のようである」による」への欲望を暴露するものとして軽視しました。ルターは、教会が精緻なものにしてきたさまざまな律法主義的要求にこだわらずに、古い形態の社会的慈善の精神をキリスト教の愛の精神に鼓舞された新しい社会活動に置き換えようとしました。しかし、古い形態に対するルターの反発は、結局、慈善精神のすべての足跡を破壊することにならざるをえませんでした。ルターの理想は、愛は自発的であるべきで、組織の指導と強制のどちらのもとにもあるべきではないということでした。宗教的な慈善をこのような純粋な高さにまで引き上げようとする過程で、ルターは、宗教の鼓舞を受けた社会精神の弱点を強調することになってしまいました。というのは、その過程は通常、自発性を確保するために効用性を犠牲にし、動機を純化するために社会的有用性を犠牲にする誘惑のもとにあるからです。実際、ルター自らかれの理想が効果をもたらさないことを次のように認めていました。

人間が悪魔に仕える以前は［人間の堕罪以前は］すべての財布が開かれていました。すべての人が寛大で優しく見えた教皇制のもとでは、人々は偽りの礼拝を維持するために喜んで全力で、感謝しながらささげものをしていました。いまは［宗教改革後は］、聖なる福音のゆえに、神への感謝から当然寛大で思いやりがあるはずなのに、多くの人が飢餓で倒れ死んでいます。その間、あらゆる人は持ち物を分かち合うどころか貯め込もうとしています。(18)

もちろん、プロテスタントのさまざまな教会で、貧しい人々の悲惨な状況を軽減するために慈善活動を組織化する努力もなされました。十六世紀、封建制度の崩壊に起因するさまざまな社会的混乱は社会の悲惨を著しく増大させ、よりどころのない人々の苦しみは教会の社会的良心に挑みました。地方によっては、不幸な人々の苦しみを軽減するかなり賞賛すべき方策がとられたところもありましたが、普遍的な慈善制度が確立されることはありませんでした。農民たちが、ルターが主張した自由にはいくばくかの社会的意義があり、宗教改革の騒乱を不寛容な社会の状況から自分たちを解放するために利用することができると誤解して反乱を起こした際〔十六世紀半ばミュンツァーらに指導された農民戦争〕、ルターがそれに厳しく対処したという事実は、社会問題それ自体に対するルターの無理解と静寂的宗教の社会的な弱さを露呈しています。もしルターが封建時代の社会的連帯性に反対していたとしたら、かれは、もっと公正な社会秩序を形成するという考えにいたったことでしょう。ところが、かれは、トマス・アクィナス〔一二二五頃―一二七四。中世の代表的スコラ学者〕以上に、社会秩序を当然のこととして認めていましたし、社会の問題や不正には、交互に繰り出す悲観主義と楽観主義をもって対処していました。かれは、ある時は、「世界」を呪われていると見なし、次の時には、すべての人が黄金律〔「何事でも人々からしてほしいと望むことは人々にもそのとおりにせよ」というキリストの戒め。マタイ七・一二〕に従いさえすればすべては正しい状態になるという単純《ナイーヴ》な希望に自身を委ねたのです。

ちなみに、カトリック教会が、近代の組織的事業形態の基礎を据えた慈善活動を展開したのはまさにこの宗教改革の時代でした。その組織的慈善活動が最高度に展開された場所はフランスです。そこでは、フランソワ・ド・サル［一五六七―一六二二］とヴァンサン・ド・ポール［一五八一―一六六〇］の二人の偉大な指導者、とりわけ後者が、病院を女子愛徳修道会の運営に委ね、男子の愛徳修道会を組織し、孤児院をつくり、全体として慈善の目的のために宗教の社会的資源を活用したのです。ヴァンサンのような人は、カトリック的敬虔がとくにしばしば生み出す、神秘主義者と実業家がうまく組み合わさった人物でした。

敬虔主義運動［一六九〇年頃から一七三〇年頃にかけてドイツのプロテスタント教会で盛んになった、正統主義に対する改革運動］の中で、信条的正統主義の不毛が克服されるようになってはじめてプロテスタントの慈善活動が隆盛を見ることになりました。ルター派教会がカトリック教会のそれに相当するような規模の組織的慈善活動を展開したのは、シュペーナー［フィリップ・ヤーコプ・シュペーナー 一六三五―一七〇五］やフランケ［アウグスト・ヘルマン・フランケ 一六六三―一七二七］、とりわけフランケのような人々の影響のもとででした。フランケが設立した、高齢者、病人、孤児、その他の種類の困窮者に対するさまざまな施設は、ドイツのハレでいまも機能していますし、かれの影響の足跡はヨーロッパの各地に認められるでしょう。敬虔主義運動の鼓舞を受けて、ヴィヘルン［ヨハン・ヒンリッヒ・ヴィヘルン 一八〇八―一八八二］は、プロテスタント教会にディアコニッセ運動［女性の奉仕活動運動〕を開拓しました。かれは、女性を教会の奉仕の中に位置づけ、病院や教区の困窮者のための働きに携わらせました。それ以来、ディアコニッセ運動は、ルター派諸国で教会の働きの不可欠の部分を占めるようになり、ほとんどカトリック教会のそれに比肩する組織的慈善活動を展開していきました。さらにのちに、ボーデルシュヴィング〔フリードリヒ・フォン・ボーデルシュヴィング 一八三一―一九一〇〕は、ビーレフェルト市郊外にベーテルという大きな施設を組織しました。それは精神疾患のための特別な奉仕として始められましたが、のちにあらゆる種類の不幸な人々をケアする施設に発展していきました。

多様なプロテスタントのセクト〔分派〕の中では、クエーカー派が、いつもその敬虔さの倫理的特性のゆえに知られていました。ここで詳しく検討することはできませんが、クエーカー派の敬虔は、おそらく他のいかなるプロテスタントのグループよりも鋭敏な倫理的社会的姿勢を生み出してきました。クエーカーは、奴隷制度廃止のために最前線で戦いました。精神障害者のための最初の病院を設立したのは、テュークという名のクエーカー〔サミュエル・テューク 一七八四―一八五七〕でした。エリザベス・フライ〔一七八〇―一八四五〕の刑務所改良の働きは一般の歴史でも取り上げられています。ちなみに、クエーカーではありませんが、のちの刑務所改革者のジョン・ハワード〔一七二六―一七九〇〕は卓越した社会改良家の一人でしたが、その社会的鋭敏さは明らかに宗教の鼓舞を受けたものでありました。スーザン・B・アンソニー〔一八二〇―一九〇六。アメリカの女性参政権運動家〕はクエーカーでしたし、ティモシー・ニコルソン〔一八二八―一九二四〕もクエーカーでした。ニコルソンは、この国〔アメリカ〕で、最初の全国慈善組織を設立することに尽力しました。イギリスとアメリカの両方の国で、クエーカーたちは、こうした〔社会倫理的〕運動の当初より、高度な宗教的敬虔が持つ社会的手腕を示してきました。

イギリスでは、宗教改革とりわけヘンリー八世〔一四九一―一五四七〕のもとに行われた教会の財産没収は、中世に築き上げられた慈善事業に混乱と崩壊をもたらしました。その後の国教会と非国教徒の間の論争は、教会の社会奉仕の回復を困難なものにしました。それゆえ、プロテスタンティズムの一般的な帰結であるソーシャルワークの世俗化〔ないし非宗教化。慈善活動が宗教組織から国家の手に移ること〕は、ヨーロッパのどこよりもイギリスにおいて高度な一貫性をもって成し遂げられました。一八三四年の救貧制度は、ほとんど完全に国家の手によるものでした。アングリカン教会およびそれより小規模の非国教徒の諸団体はいくつかの国際慈善運動を指導してはいますが、イギリスにおける宗教の庇護のもとにある慈善活動はヨーロッパ大陸のそれよりも少ない状況にあります。しかしながら、他のどの国とも同じように、イギリスは、宗教が育む倫理的洞察を証しする社会的情熱を持つ人々であふれています。すでに挙げた人に加えて次のような卓越した人々がいます。貧しい人々の子どもたちに関心を寄せたシャフツベリー伯〔第七代シャフツベリー伯爵アンソニー・アシュリー・クーパー　一八〇一―一八八五〕、奴隷反対運動で著名なウィリアム・ウィルバーフォース〔一七五九―一八三三〕、働く子どもたちのために日曜学校を設立したロバート・レイクス〔一七三五―一八一一〕、福音による情熱と救世軍の社会奉仕を結びつけたウィリアム・ブース〔一八二九―一九一二〕、最近ではトインビーホール〔一八八四年、イギリスに建設された世界最初のセツルメント〕で社会的セツルメント運動の先駆けとなったバーネット司祭〔サミュエル・オーガスタス・バーネット 一八四四―一九一三〕などです。こうした宗教的理想主義者たちが思い描いたのは、事実上すべての場合、慈善活動ではありましたが、社会変革ではありませんでした。かれらのうちの二人、シャフツベリーとウィルバーフォースは、その専門の関心分野の外では、社会的保守主義でとくに際立つ存在だったのです。

ソーシャルワークの世俗化は、大陸よりもイギリスで高度な一貫性をもって遂行されましたが、それが頂点に達するのはアメリカにおいてでした。ただし、古い伝統が損なわれることなく維持されているアメリカのカトリック教会は除きます。カトリック教会の古い伝統がいかに強力であったかが最もよくわかるのはフランスにおいてです。フランスでは、革命が教会の権力を破壊しましたが、教会と慈善事業の関係を損なうことはありませんでした。それゆえ、慈善事業の組織はいまも大半教会の庇護のもとにあります。〔慈善事業の〕世俗化がアメリカにおいて最も首尾一貫して展開されたという事実は、世俗化の原因について直接の手がかりを与えてくれます。アメリカは、プロテスタントが有力な国であり、なかでもピューリタン諸セクトがその歴史の中で優勢です。カトリック教会と半ばカトリック的であるアングリカン教会やルター派教会と比較して、そうしたセクトでは、社会問題全体に対する関心は高くありませんでした。なぜなら、かれらは自らを、共同体全体の［責任を負い、それを網羅する］宗教組織としてではなく自発的団体《ヴォランタリ・アソシエーション》と見なしていたからです。アメリカでこのことは、自発的宗教組織の理想が「自由国家における自由教会」として、ほかならぬ憲法に織り込まれていました。さらに、一つの支配的な教会の伝統がないことと移民の多種多様な性格のゆえに、アメリカの地には、非常に多様なプロテスタントの教派主義が広がっていきました。この教会の不統一がソーシャルワークの世俗化をもたらしたのはやむをえないことでした。宗教に基づく組織的慈善活動にはさまざまな限界があり、そのことは、世俗化が望ましい結果であるという結論を十分に正当化しています。われわれの関心は、さしあたり、そうした判断の是非を評価することではなく、単に教会が組織化された慈善活動の母であるという事実を示すことです。たとえ、その母が他の多くの子どもたち［教会を母体とするさまざまな機関］に対するのと同様、慈善活動への情熱を失った母であったとしてもです。プロテスタント教会が無秩序に分裂しているゆえに、ソーシャルワークの世俗化はたとえ望ましいことでないとしても避けることができません。都市文明の増大する複雑な問題と取り組むには、プロテスタント教会のような分裂している手段を使うことはまったくできません。それにもかかわらず、プロテスタントの指導下でとくに病院のような信頼を得ている慈善施設があります。大陸にその起源を持つアメリカにおける諸教会はいまもなお、非国教徒からなるイギリスの伝統的「諸セクト」よりも野心的で組織的な冒険に従事しています。

倫理的社会的諸問題全体の視点から見て、組織的慈善活動の弱点がどのようなものであれ、次のような結論にいたらざるをえません。すなわち、宗教的慈善活動の分野におけるプロテスタント教会に対するカトリック教会の優位性は、カトリック教会の真の長所を象徴しているという結論です。それは、社会の現実に対する責任意識と、修道会運動によって開拓された高度な倫理的洞察です。ルター派プロテスタントは、社会に対して活動的であるよりも静寂主義に傾きがちであり、社会活動に優れたカルヴァン派の諸教会も、最も困窮している人々に対する深い関心にまで達してはいません。カルヴァン主義は、貧困を怠惰と不道徳の結果と見なし、それゆえ貧しい人々や困窮している人々を義なる神が与えたもう刑罰に委ねるという誘惑に打ち勝つことができたことはありませんでした。

ソーシャルワークにおけるますます世俗化する傾向にはもう一つ要因があります。それは、十分に理解されるならば、社会活動を鼓舞する存在としての宗教の信用を傷つけるものではありません。世俗国家は、しばしば次のような理由から、かつて宗教によって提供されたそれらの奉仕に対する責任を引き受けるようになりました。すなわち、教会が社会奉仕について国家の良心に期待していることと、国家がその責任をようやく徐々に理解するようになってきたという単純な理由です。病人の介護は当初教会によって担われていましたが、国家はそれを共同体全体の責任として認識するようになりました。同様に、教会は知的障害者のための施設の開拓者でしたが、やがて社会が自らの使命としてこうした不幸な層の重荷を引き受けるようになりました。孤児たちは最初教会の施設で養育されていましたが、いまは、半公的ないし国家の庇護のもとで運営されている、母親の年金や養子縁組を扱う機関が、孤児の保護をどの施設よりも適切に行っています。高齢者のための施設は、少なくともアメリカでは、老齢年金の社会的必要が認識されていないゆえにいまも変わらず必要とされています。

かつて教会や他の自発的団体が引き受けていた分野である社会奉仕を、国家や社会が引き継いでいくその全般的な傾向は、きわめて当然のことであるゆえに、一つの原則として確立していきました。その原則とは、ソーシャルワークの分野を開拓し、社会がまだ認識していなかった義務を見いだし、それが現存する社会の責任であることが一般に認知されるに従い、その働きをただちに社会の手に渡すこと、それが教会とその他の理想主義的施設の務めであるというものです。道徳的に活力のある社会はみな、ソーシャルワークの新しい形を試み、新しく広範な社会的責任を見つけます。これが、理想的で自発的な社会的機関を土台にして建てられた施設が果たすべき領域です。現在のところ［一九三〇年代初期のアメリカでは］、産児制限や精神科治療の診療所は自発的になされる慈善活動の分野になっていますが、それは適切なことでしょう。それらは、その正当性が現在の社会ではまだ一般に認知されていない種類の社会奉仕だからです。当然のことながら、完全に廃止すべき社会奉仕があります。また、社会が、その経済構造における限界や不正によって援助すべき貧しい人々をつくり出しているという理由のゆえにのみ存在するような種類の社会奉仕があります。このことについてはのちに詳しく扱います。

宗教のソーシャルワークに対する関係についてのわれわれの再検討は、次のことについて疑う余地がない証拠を提供することではないかと思われます。すなわち、ほかならぬ宗教こそ、社会の窮状を素早く理解し、それを除去することは無理だとしても緩和することをいとわない良心を生み出す、ということです。［しかし］社会の窮状が社会それ自体の経済的な再編成によって除去され、知的障害者や身体障害者のケアもまた国家の統制のもとにあるような社会では、昔から受け継がれてきた宗教の原動力は、その主張をやや非公式に表現せざるをえなくなります。このことは、後続の講義で取り組むことになる問題です。

第二章　宗教に基づく慈善の限界

宗教は、これまで考察してきたように、社会に対する態度の面で成果を上げ、道徳的感受性を生み出し、その結果、当然、困窮している人々に思いやりの目を向け、かれらを助ける働きをしてきました。もちろん宗教がいつもそのような成果を上げてきたわけではありません。たとえば、霊性の純粋さにおいてキリスト教に並ぶ仏教では、愛への強調が深遠な悲観主義によって否定されています。その悲観主義はすべての欲求を悪と見なし、それゆえ、不幸な人々の窮乏に同情はするものの、実際にかれらを助けることへと向かうことはありません。キリスト教自体にも、信条主義や静寂主義のさまざまな力が働いています。それらが支配的になると、キリスト教が生み出した倫理的社会的情熱は、台無しにされるか大きく制限されるか、いずれかになってしまいます。それにもかかわらず、記録に明白に残っているところによれば、宗教――ましてや多様なすべての形態におけるキリスト教の宗教――は、他者の必要に対する感受性を促し、通常それから生み出される思いやりの衝動を組織化して、制度的な援助形態をつくり上げています。

第一章で示唆したことは、宗教的慈善が、宗教それ自体の限界に起因すると思われるある種の弱さを露呈しているということです。この点については、さらなる研究と考察が必要です。社会活動における宗教の最も明白な弱さは次のようなところにあります。すなわち、宗教が、理想主義を、より高い正義の名において社会体制を断罪できるほど活力のある鋭敏なものへと発展させず、いつも社会体制の枠内で寛容の精神をつくり出しているように見えるところです。言い換えれば、宗教は社会正義よりも慈善活動で成果を上げているのです。この傾向は、宗教の弱さよりも、むしろ人間の想像力が元来持っている限界を浮き上がらせていると言えるかもしれません。ふつうの人間は、自分が属している社会の構造を問題にすることができるほど十分に鋭い知性を持ちあわせているわけではありません。そのような人間は、社会が、自分よりも以前から存在しているがゆえに永遠不変であるという幻想に容易にくみしてしまいます。また、現在の社会構造がどのようにつくられてきたかその歴史的経緯を見ていないので、その社会を変革する可能性をほとんど確信することができません。しかしながら、宗教はいつも、完全の視点から現在のさまざまな現実を断罪するよう促す絶対なるものについての感覚を持ち、完全な愛と正義が達成される日を夢見るゆえに、しばしば自らが属する社会状況を安易に無批判に受容してしまいます。宗教のそのような姿勢には何らかの理由があるに違いありません。

宗教が現代の社会構造を批判的に考えるまさにその瞬間に、自らの確信に反して社会的保守主義に身を委ねてしまうのは、しばしば絶対なるものについての宗教的感覚のゆえです。絶対的完全、神の聖性、神の国といった概念は、現在の状況をそれに照らして比較する宗教の規準ですが、それらは、世界を救済する可能性について考える段になると、自らに反してまったくの悲観主義に陥ってしまいます。そこでは世界が不正に満ちているのは当然のこととして受け止められています。その見方によれば、世界は、人間の堕落によって邪悪であるように宿命づけられていて、神の介入によって救われる以外に救済されることはありません。クリスチャンができる最善のことは、社会体制の内部にあって愛の観点から生きることです。この生き方は実際にはしばしば次のようなことを意味していました。すなわち、宗教的理想の愛は、宗教的な枠内で、また宗教的共同体の中ではじめて実現されるのであって、世俗の社会状況に適用されることはない、ということです。奴隷制度に対する初代教会の姿勢はその適例です。

クリスチャンの奴隷がクリスチャンの所有者によって解放されることが頻繁にあったとはいえ、奴隷制度は広く当然視されていました。初期キリスト教の倫理的急進主義と宗教的保守主義との間の対立は、パウロの「ピレモンへの手紙」に明白に見てとれます。この書で、パウロは、奴隷の所有者に、逃亡した奴隷オネシモを連れ戻すだけでなく、かれをキリストにある「兄弟として」、また（パウロの）子として受け入れるようにと勧告しています。それは、オネシモが、パウロがキリストにあって産んだ者、すなわちキリスト教に回心させた者であったからでした。同じ精神によって、奴隷は、初代教会の会員や役員になることができ、その権利は、グレゴリウス〔五四〇頃―六〇四。ローマ教皇グレゴリウス一世〕の時代まで廃されることはありませんでした。〔しかし〕奴隷を解放した所有者もいたとはいえ、また、教会が奴隷に、かれらが国家において享受する権利よりも大きな権利を与えたとはいえ、奴隷に十分な思いやりの姿勢がないクリスチャンの所有者もいました。また、ポリュカルポス〔六九―一五五／五六。使徒教父の一人〕の時代、奴隷をひどく鞭打って死にいたらしめた奴隷所有者は七年間破門すると定めた教会もなかったようです。(19)

ちなみに、ポリュカルポスは、キリスト教の保守主義のもう一つの原因を明らかにしています。それは、かれが奴隷たちに、奴隷としての身分にそむくことは肉の欲に身を委ねることであるゆえ、そうならないために自由を求めてはならないと勧告したときのことです。教会は、自己犠牲の教理をとくに強調したために、よりどころのない人々の側に立ってその権利を主張することに批判的な姿勢へと繰り返し引きずられてきました。権利を主張することは利己主義のあらわれであるという理由からでした。キリストの無抵抗を社会の不正に苦しむ者たちへの模範と解釈する傾向は、キリスト教史の中に繰り返し現れますが、それは教会を誤らせて社会の不正を受け入れさせることになります。なぜなら、不正に立ち向かうには、自らの利益を主張することと、悪には悪をもって報いることと以外にないからです。この論理は、「ペテロの第一の手紙」の次の文章に的確に述べられています。

僕たる者よ。心からのおそれをもって、主人に仕えなさい。善良で寛容な主人だけにでなく、気むずかしい主人にも、そうしなさい。もしだれかが、不当な苦しみを受けても、神を仰いでその苦痛を耐え忍ぶなら、それはよみせられることである。……あなたがたは、実に、そうするようにと召されたのである。キリストも、あなたがたのために苦しみを受け、御足の跡を踏み従うようにと、模範を残されたのである。（二・一八、一九、二一）

ルターは、宗教改革後の農民の反乱に対処するにあたって同じ論理を利用しました。このことは、宗教の危険で扱いにくい特徴、すなわち、宗教的理想主義の絶対的な性格を露呈しています。それは、個人の行動の指針としては納得がいくにしても、社会的政治的戦略の基盤としては不確かな有用性しかありません。今日、ストライキのような戦略を愛の法を侵すことと見なし、組合労働者にくみしてストライキに参加することに反対する聖職者たちは、同様の道徳的混乱に陥っています。キリスト教的良心が、その完全主義的な愛の理想を侵すことなく不正に抵抗するすべを知らないため、それほどまで頻繁に不正に苦しみ続けなければならないというのは、むしろ悲劇的な逆説です。

社会体制それ自体の正義を究極的に問題にせずに、その限界の中で慈善活動を行う誘惑に引きずられてしまう宗教的な社会的保守主義のもう一つの原因は、宗教に内在する決定論［あらゆる事柄はあらかじめ神によって決定されていると見なす考え方］です。宗教的通念にとって、神は万物が向かっていくべき理想であり、それを基準として現代のすべての社会規準を不十分なものとして断罪します。しかし他方で、神は万物の全能の創造者であり、その力と知恵が現存の社会機構が善なるものであることを保証します。パウロはこの決定論の論理を「ローマ人への手紙」で次のように明白に述べています。

すべての人は、上に立つ権威に従うべきである。なぜなら、神によらない権威はなく、おおよそ存在している権威は、すべて神によって立てられたものだからである。したがって、権威に逆らう者は、神の定めにそむく者である。そむく者は、自分の身にさばきを招くことになる。

（一三・一、二）

パウロのこの言葉が示す原則は、千年王国の希望が消滅し、ローマ帝国と折り合いをつける必要が出てくるや否や、初代教会を国家に順応させることを正当化するために力を発揮しました。聖書の言葉の中で、パウロのこの決定的な言葉ほど保守的な影響を与えたものはないと言って過言ではありません。中世では、この言葉が封建制度を強化し正当化したのでした。しかし、中世社会の社会的保守主義がもっぱらこの宗教的保守主義に由来していたわけではありません。というのは、社会的保守主義は、当時支配的であった固定的な社会理解にもともと備わっていたものだからです。しかし、国家それ自体がそれより高い法である愛の法に基づいていると主張していた時期でさえ、社会的保守主義は、国家が維持した力の原理を神聖化することができる論理を教会に与えました。宗教改革期、この社会的保守主義は、ルターに、かれがドイツ諸侯に従属していたことを見事に正当化する力を与えました。このパウロの考え方が、最近の世界大戦［第一次世界大戦］の間にどれだけ頻繁に引き合いに出されたかしれません。

しかしながら、キリスト教史の中で、決定論への傾向がたった一つの聖句によるものと決め込んではなりません。社会的政治的取り決めが、ご自身が望まれるならそれらを変えることがおできになる全能の神のもとにあるゆえに高潔であるに違いないとの考え方は、ほかならぬ宗教の核心に内在する傾向、すなわち礼拝の対象である神を実在の全体と同一の広がりを持つほど大きな存在とする傾向から生み出されます。この考え方から、現在の社会の形は、堕落［アダムとエバの堕罪］後、人間の罪深い状況に対処するために神によって定められたものであると見なす見方が出てきます。こうして、使徒後時代の教会は、ストア哲学から自然法の考えを借用し、帝国主義と奴隷制はともに、罪の状態にある人間のために神が定められたこの自然法によって支持されているものと見なしました。自然法の理念は、福音書の示す法よりは低位に位置するものの、それにもかかわらずなお神の定めであるとされ、中世をとおして維持され、教会に奇妙な二元論的考え方の基礎を提供し、それによって教会は、国家を聖別するとともになお国家の上にあると主張したのでした。

宗教的決定論のゆえに、さまざまな宗教組織は、貧しい人々の悲惨な状況から目を背ける過ちを繰り返し犯してきました。神は、特定の人々が貧困に苦しむ運命を定めたのみならず、貧困それ自体をも定めたというのがその論拠でした。アン女王［一六六五―一七一四。イギリス女王。在位一七〇二―一七一四］の治世下に書かれたネルソン［ロバート・E・ネルソン　一六五六―一七一五。イギリスの社会改良家］の『上流階級への講演』には、「ある人を裕福で偉大な人に造り、かれらに仕えるために貧しく困窮している人々に日夜働くように命じられたのはほかならぬ無限の神ではないでしょうか」と書かれています。[20] 著者は、なぜ神がこの不平等を定める必要があったのかという問いを投げかけていますが、それに答えることができないまま次のような結論に達しています。すなわち、金持ちにとっては金持ちであることが良いことであり、貧しい者にとっては貧しいことが良いことであるが、この不平等は、貧しい者にとって金持ちになることは良くないことであると悟る以外に知りえない神の不可解な秘義に属するという結論です。わが国において奴隷制度廃止運動が奴隷制度を受け身にさせていた時期、南部で出されたさまざまな文書には、奴隷制度が神の命令の一つとして正当化されるという同じような論理があふれています。特権階級がかれらの情け深い思いを実行に移すに都合のよい機会を得ることができるようにするために、貧困を定めることは神の目的であるということが、宗教的な文書の中で示唆されることは珍しいことではありません。このような主張は、貧しい人々の目や耳にじかに触れないようにしたい議論です。

宗教から生まれた倫理的感性が、社会正義よりも慈善のほうを生み出しやすいもう一つの理由は、宗教がもともと倫理的行動の動機に目を奪われ、社会状況全体を扱うことを苦手としているということです。宗教は、社会を救済する道具としての愛よりも、人間の心の中の愛の精神を育成させることが完全な人格のしるしであるとして、そちらのほうに関心を払っています。貧しい人々が富裕な人々に慈善を実践する機会を提供しているという馬鹿げた考えは、その考えに同調する批評家が認めたがる論理よりも、むしろ宗教の論理に近いものです。宗教は全体として見れば、知性の事柄であるよりも意志と感情の事柄です。宗教は、最善の場合、意志を変革し人間の人格全体を、善を行う意志の礎にします。最悪の場合、一時的な感情に影響を与えるのみで、たやすく感傷の淵に沈んでしまいます。しばしば宗教的な心情が喚起されるのは、ただ、生々しく描かれた悲惨な苦悩の中にある人々や社会の窮状によってです。道徳的な責任を比較検討し、なすべきことを割り振るに先立って慎重な分析をすることが求められるような社会状況［緊急度が低い社会状況］には、宗教的精神に訴え、宗教的感情を引き起こす可能性はまずありません。もちろん、批判的科学的知性を宗教的な衝動に結びつけることは可能ですが、その結合はおよそ自然なものではありませんし、達成されないこともしばしばです。宗教的な衝動は、それ自体の意志に委ねた場合、機会があればいつでも優しさや同情を表しますが、この慈善の衝動の結果と他のさまざまな社会的必要との関連で、この特定の必要が相対的に緊急かどうかといったことについて余計な問いを発することはありません。

初代教会において使徒的権威に匹敵する権威を持っていた、二世紀に書かれた『ヘルマスの牧者』の手紙には、相手によって選別しない慈善が次のように命じられていました。「誰に与えるべきかを問わずに、愚直にすべてを与えなさい。実際に必要がないのに受け取る人は当然神から罰を受けます。しかしどのような場合も与える人のほうに罪はありません」[21]。アレクサンドリアのクレメンスは、同様の考えから慈善の対象を選別することに警告を発しています。「誰があなたの慈善にふさわしいか、誰がそうでないかにこだわり試そうとすることで、あなたは神の友をないがしろにしているかもしれません」[22]。『十二使徒の教訓』［『十二使徒による諸国民への主の教訓』。一世紀末から二世紀に書かれたと推定されている使徒教父文書の一つ］でさえ、クリスチャンは施しには躊躇せず、最初に会った人に施しを押しつけるように与えるべきであると次のように勧めています。「施し物をあなたの手の中に用意しておきなさい。そうすれば誰に与えるべきかがわかります」[23]。現在のソーシャルワーカーはみな、現代の宗教組織の中で同じような精神に接してきました。かれらは宗教組織の次のような傾向を抑制することがいかに難しいかを知っています。すなわち、プロジェクトの成果を調査し、その大義が価値あるものかどうか、その予測される結果が有益なものであるかどうか、それが明らかになるまで待たずに善い行為をすることにのめり込んでしまう傾向です。［しかし］立派な組織的慈善活動を行い、宗教が生み出す慈善への思いを実践する道を提供しているカトリック教会では、多くのプロテスタント教会よりもそのような誘惑を受けることは多くありません。プロテスタント教会は、クリスマスや感謝祭など、時期や季節が慈善への思いを喚起する機会に、たまたまそこにいる都合の良い受け手にそれがだれであれ施しをしてしまいます。宗教的な慈善への思いは、鋭敏で知的な指導力に導かれることがなければ、感謝祭やクリスマスに豊富な施しが与えられるそれ以外の時に、貧しい人々に何が起こっているのかを問うことさえしないでしょう。

最も純粋な形態の宗教的な慈善は、博愛以上のものです。高度に鋭敏な宗教精神は、使徒時代の教会でクリスチャンたちがしたように自らの考えを表現します。すなわち、使徒時代のクリスチャンたちは、自分の所有物を困窮している人々に与えずにおくことはまったくありませんでしたが、それはかれらが自発的な共産形態の中で生活していたことを意味します。しかしながら、この完璧な相互関係が、型にはまった慈善や施しに退化していくのは避けられないことでした。そのような相互関係が社会組織へと発展し、慎重に策定された社会戦略が、初期の親密な共同体において自然に達成した相互関係という価値を維持しつづけることもありました。しかし、それには、無垢のままの宗教精神とは異質の思想と、抜け目のない政治的計算が要求されたはずです。感情や心情に依存する宗教には体質的な個人主義があります。その個人主義は、道徳的理想を変えて、社会全体の問題に関わらせようとする際に生じる政治問題に自ら関与することはありません。宗教は正義の問題を扱うことはありません。なぜなら、正義は、相克する権利や競合する責任について慎重な計算がなされる際に生じる概念だからです。正義の最も厳格な型である平等主義は、決して宗教の中心から生まれることはありませんでした。平等主義は典型的に知性の所産なのです。平等の概念が社会組織の合理的な目標として姿を現すのは、知性が、特権階級の不平等が維持され正当化されるすべての欺瞞や偽善を無視するときです。宗教は平等以上のものも平等以下のものも生み出します。最善の場合、宗教は平等以上のものを生み出します。というのは、宗教は、隣人が必要とするものを、それと競合する他のさまざまな必要のことを考慮に入れずに与えようとするからです。残念ながら、宗教は、いつもそのような高い水準に維持されるわけではありません。それゆえ、宗教はふつう、正義よりも低位にある慈善において自らの立場を表現するのです。

慈善に伴うさまざまな感傷的な思いは、すでに示唆したように、純粋に宗教精神の所産ではありません。感傷は、人間の知性と想像力の限界から生じるものです。自分の慈善活動を誇る多くの博愛主義者は、無意識に、その善行において自らの力を誇示しています。もし公正で知的な社会が、博愛主義者の特権を社会奉仕に調和する事柄に限定し、実際には大半の重要な特権を利己的に維持しているにもかかわらず自らを無私であると考えている贅沢を破壊するとしたら、博愛主義者は激しい不快感に襲われることでしょう。急進的なプロレタリアは、あらゆる種類の慈善に批判的です。それは、かれらがそうした働きが自分たちの社会の必要に不十分であることを知っているからだけではありません。かれらはそれを、自分たちの力の範囲を超える贅沢、すなわちかれらの必要を超える資力がある人々だけが享受することができる贅沢であって、それは偽善として告発されるべきものと見なしてもいるからです。イエスは、「ありあまる中から［賽銭箱に金を］投げ入れた」金持ちの慈善［マルコ一二・四四、並行記事ルカ二一・四］を非常に厳しく批判しましたが、その批判は、きわめて純粋な宗教からおのずと出てくる反応であり、利己心がごく微妙な形で表現されているときでさえ、それを見つけ出します。しかし、宗教がそのような高い水準の霊的洞察を持つことはきわめてまれなことです。それゆえ、宗教は、社会正義を行うことを望まず、同一の行為において憐れみと力を表現することに満足を見いだす、特権階級の避けることのできないさまざまな偽善と容易に手を組んでしまいます。慈善のあらゆる行為には、どうしても次のように考えてしまう傾向があります。「貧しい人よ、わたしは喜んであなたを援助します。ただし、それは、あなたが、わたしが強い人間であることを認め、自分の特権を分かち与えるわたしの寛大さに正当に感謝し、わたしの特権とあなたの貧困の原因と正当性について、不遜な問いを多くしすぎない限りにおいてです」。

不況がアメリカを襲って以来、われわれは、全国規模で自発的な慈善活動からあふれ出る偽善を振る舞われてきました。すべての工業国の中でアメリカのみが次のことを学んできませんでした。すなわち、社会が富の分配という基本問題を扱うにあたって、自発的な慈善では、正義を確立し現実の人間の苦難を緩和するのには不十分であるということです。慈善は、人間の窮状が生々しく示され、それが親しい接触によって認識されるところにのみ生じるものです。その上、感情に依存する慈善は頼りにならず不安定です。その情熱は長続きしません。そのような慈善は、不意の大災害による窮状に備えたり、簡単に見分けられる悲惨な苦痛を緩和したりすることはできます。しかし、機械文明の不適応から生じる、都市文明の人格を無視した関係のただ中で覆い隠されているさまざまな社会的必要を正当に扱うことはできません。自発的な慈善は課税による強制的な寄付よりも高度な霊性を象徴するという理由から、主要な社会的危機の問題を自発的な慈善に解決させようとする努力は、巨大な偽善をもたらし、利己的な人々に自らを無私であると思わせるだけに終わります。社会活動をその動機の純粋さだけで判断しようとするあらゆる努力は、社会の必要を満たすには不十分な活動に終わらざるをえません。このことを最もよく証明しているのは、失業者に対するわれわれの［アメリカの］貧弱な支給とわれわれよりも貧しいヨーロッパ諸国のはるかに豊かな支給との比較です。ヨーロッパ諸国は、仕事を失った人々に十分な手当てを支給するために、国民に課税しているのです。

したがって、社会的保守主義は、宗教から生まれた博愛精神にのみに起因するのではなく、すべての無批判な博愛精神の副産物として、また無批判な精神から自然に生じる欺瞞と幻想の所産として自らを表現します。一方、宗教が自発性を重視しすぎ、感傷を評価し、冷静な計算を軽視する傾向に従うところではどこでも、宗教が社会的保守主義と偽善的感傷主義の手中にはまってしまうことは明らかです。

以上の点における宗教の弱さがどのようなものであれ、次のことは留意するに価するでしょう。すなわち、宗教の営みにはつねに、より厳格な社会的正義が要求され、宗教的完全主義がその立場を、純粋で個人的な愛の行為に対する熱意と、完全で公正な社会への希望において明らかにするいくつかの層があるということです。〔紀元前〕八世紀のイスラエルの預言者たちはそのような希望をいだき、その理想の視点から、貧しい人々を踏みつけ、「門で貧しい者を退け」〔アモス五・一二〕、「みずから象牙の寝台に伏し」ている〔アモス六・四〕、社会の不正に無関心であった金持ちを激しく非難しました。中世では、宗教的急進主義は主として修道院の中でその立場を表現しました。修道院は、社会秩序の内外を問わず、いずれにおいても、貧しい人々の交わりと愛をつくり出すことによって社会の不正ときっぱり決別しようとしました。この種の急進主義は、社会秩序を変えようとはしませんでしたが、少なくともそれを受け入れることも、それを宗教的に正当化することもしませんでした。

宗教改革以降、プロテスタント思想の主流は、中産階級から構成され、保守的な立場をとりました。しかし、急進派の伝統は、教会内の多様なセクトや集団によって維持されてきました。ディガーズ、レヴェラーズ、ブラウニスト、初期クエーカー〔いずれも十七世紀イギリスに起こった宗教的・政治的集団〕といった集団の間では、宗教は、社会の不正を激しく批判し、宗教共同体の中に社会正義を確立しようと活発に努力することによって自らの立場を表明しました。そうした努力は、しばしば多様な共産主義的な実験や公正な社会の到来に対する黙示文学的な希望をもたらしました。急進的な社会哲学を苦心してつくり上げたこうしたセクトの多くが下層階級と権利を奪われた階層から起こってきたこと、またかれらの宗教的理想主義がその経済的な関心の影響、あるいは少なくともかれら自身の社会経験の影響を受けてきたことは否定することができません。しかし、しばしば、かれらは、その急進主義のゆえに、自分たちの低い生活状態を長く維持しました。たとえば、クエーカーは、豊かになり、富裕な階級に受け入れられるようになってからでさえ、階級や身分制度に反対しつづけ、奴隷制度や戦争に反対する戦いの前線に立ち、贅沢な生活態度に反対したのでした。

こうした急進的宗教的な綱領に対する中産階級から成る教会の態度は、しばしば、貧困が不道徳や怠慢によるもので、社会の快適さは徳がもたらす当然の報酬であるという、自己中心的な考えから生み出されていました。この種の自己満足は、個人主義と社会的想像力の欠如というより、深遠な社会的課題への無知を伴った中産階級の当然の生活態度かもしれません。それは元来、しばしば、勤勉と節約によって品位ある貧しさから品位ある快適さへと上昇した中産階級の限られた経験に起因するものであったかもしれません。しかし、中産階級の姿勢は、とくにカルヴァン主義とピューリタンの宗教において中産階級が非常に頻繁に宗教的敬虔の衣を身にまとうようになって以来、ときどき宗教がつくり出し正当化する社会的態度と見なさなければなりません。十七世紀に出版された『繁栄の技術』では、この態度の論理が次のように強引に述べられています。

貧困や金銭の欠乏についての不平は、不幸なことに嘆くに値しないほど一般的になっています。われわれが行くところはどこであれ、われわれの耳は物乞いの悲しい言葉の攻撃を受け、われわれの目はみじめな憐れみの対象の攻撃を受けています。しかしながら、われわれは時代の厳しさを横柄な態度でののしっていることを認めなければなりません。かれらをそのような状態にしているのはわれわれ自身だからです。人々は一般に、怠惰と虚栄、不注意と浪費によって、かれらがそこに生きているそうした必然の鎖〔勤勉と節約が快適な生活を生むという因果関係〕をもつれさせ変形させているのです。すべての人に、自分の涙をぬぐわせ、頭と手を使って欠乏のぬかるみから自分自身を守らせ脱出させるようにしなさい。そうすれば必らず、健康で力のあるすべての人はなお、勤勉と節約による財産によって自らを鍛え、（豪華ではないにしても）快適な必要最低限の生活が得られるはずです。(24)

貧困とその問題に対するこのような自己満足的な態度のゆえに、中産階級の教会が、さまざまなセクトの急進的な提案に同調するはずがないことは当然のことでした。グレイ〔ベンジャミン・カークマン・グレイ　一八六二—一九〇七。英国の社会福祉事業家、社会政策史家〕は次のように断言しています。

アングリカン教会とピューリタンの神学者たちは、抽象的な思想や政治理論に関する考えられるほとんどすべての事柄について意見が分かれていました。しかし、それらがどのようなものであれ、社会革命の本質に関わる事柄については合意がありました。市民秩序の基盤が批判にさらされることはなかったのです[25]。

これは全体として、すべての国における中産階級の教会の依然として変わらない態度です。キリスト教会とりわけプロテスタント教会は、大半が中産階級であり、権利を奪われた階級のみならず貴族階級と比べても、その社会的見解がかれらより単純《ナイーヴ》であり、社会組織再編の深い問題に意を用いることがありません。それゆえ、その宗教機構がかれらの社会的保守主義と自己満足によって汚染されることは必至です。とくに、伝統的な宗教にはもともと、貧困を罪の結果と見なし、繁栄を徳の成果と見なす傾向があるからです。活力ある宗教にはこの傾向と戦う勢いがありますが、伝統的な宗教の中では通常その傾向が支配的です。したがって、宗教的な博愛精神は、慈善の必要性を生み出す社会的不適応の原因を究極的に問題にしないで、気前の良さを表現しようとしつづけているのです。

第三章

精神と社会の健全さの原動力としての宗教

この国［アメリカ］では、ソーシャルワーカーの四分の三が非宗教的な組織で働いていることが容易に推測できます。ケースワーカーの場合、その割合はおそらくもっと高いでしょう。宗教のもとにある組織で働く人々は、かれら自身の確信とその所属組織の伝統の双方によって、かれらが仕える人々の生活に生きて働く力としての宗教にすぐに気がつきます。非宗教的な組織で働くソーシャルワーカーは宗教を無視しがちです。かれらの中には、ある種の宗教の有害な影響に触れて、宗教に敵意をいだく者さえいます。宗教に対するこの批判的な態度の妥当性については、他の章で検討します。しかし、ソーシャルワーカーに信頼を寄せる人々の間に見られる宗教の力を識別する姿勢は、すべてのソーシャルワーカーにとってひとしく大切です。それは、人間生活を混沌から秩序へと救い出すために利用できる手段を台無しにしたり、それに気づかないままにしたりすることがないためです。

宗教は何よりもまず、個人の生の営みにおける秩序と統一の力です。獣の命の衝動にはあるべき自然な調和と統一がないという点で、人間は獣と異なります。われわれには、生まれながらに与えられている力が統合される多様な手段があります。生の原動力は、個人の好みや家族や民族の伝統に従って多様な手段へと向けられ、主要な関心を選択することを促し、あるいは特殊な種類の行動を許容することがあります。多くのさまざまな衝動のいずれか一つが生の営みの中心を構成し、他の欲求は多くの型や構造をもってその周りに集められることもあります。生の統一と秩序は、感情の力と、その生の指導原理である道徳的包括性に依存しています。もし個人の人格が一つの主要な衝動、たとえば性のような衝動を中心にするとしたら、統一の原理は強力になるかもしれませんが秩序をもたらす包括性には欠けるでしょう。〔しかし〕家族への忠誠が生の衝動の統一原理であるとしたら、たとえそれがすべての目的を満たす生の組織ほど十分包括的ではないとしても、性の衝動は、他の多くの衝動の中の、重要ではあるが従属的な位置を占めるにすぎないものになることでしょう。理想的に言えば、宗教は、神の意志として受け止められる至高の価値への生の傾倒です。キリスト教におけるキリストの道徳的有効性は、キリストが、宗教的想像力にとって生の可能性の最善の象徴であるという事実に由来しています。キリストに献身している個人は、通常、歴史上のイエスに関わる倫理的立場のすべてを理解していませんし、決して理解することもないでしょう。時に、〔宗教的〕象徴が具体的な道徳的意味を欠いたままであることもあります。〔宗教的〕象徴は一般的には充実した生活のためにあるのですが、その具体的な意味は、個人が直面する問題やかれの周囲の環境によって与えられます。回心した大酒飲みにとって、キリストを救い主として受け入れる回心の経験は端的に、無秩序な衝動を支配する意志が、個人の感情の力全体によって支持されるということを意味します。宗教的象徴が純粋に人格的なものであればあるほど、そして宗教の対象と個人の関係が直接的であればあるほど、宗教の統合する力の背後にある感情の力はそれだけ力強いものになります。

ビアトリス・ヒンクル氏［一八七四―一九五三。アメリカのフェミニスト運動の先駆者、精神分析学者］は次のように述べています。

神秘主義者の生活に関する研究や他の経験に関する記録を見ると、全存在を巻き込む葛藤や心の状態では、宗教的な形式や信条が特別な調停の手段として使われていることがわかります。そこでは、その手段をとおして、以前の不調和な傾向の意識よりも高いレベルの深められた意識と調和した機能が獲得されます。しかしながら、宗教的象徴との内的な人格関係の代わりに、その象徴が、単に、人がそこに生まれ育った教義の集合体や伝統の形式だけを表現するとき、象徴の価値は、外側から押し付けられた権威や規律の価値にすぎなくなります。(26)

われわれが通常接する宗教は、教義や伝統の形態をとっています。この種の伝統的な信条が個人の生の営みにおける激しい葛藤を解決するには十分強力ではないというヒンクル氏の示唆は正しいのですが、それにもかかわらず、伝統的な信条は、そのような葛藤を避け、無秩序から生の営みを守るために役立っています。その治療的価値は小さいかもしれませんが、伝統的な信条には予防的な効力があります。［もっとも］型にはまった宗教は非常に保守的な力です。それゆえ、宗教は、しばしば、新しい状況に直面しなければならない社会にとっては危険であるばかりでなく、自ら社会の歴史的慣習を是認してきたゆえに、その慣習を変えることを禁じています。しかしながら、その宗教が個人の生の営みにおいてはまさに有益な力でもあります。そうでなければ、個人は、多種多様な衝動を一つの主要な道へ向けさせる十分な力を持たず、無秩序な生の衝動の犠牲になることでしょう。アーウィン・エドマン［一八九六―一九五四。アメリカの哲学者、コロンビア大学教授］は、多くの現代人が生きている混沌状況を分析して、まともでない生の型であっても、型がまったく無いよりは良いという賢明な観察をしています。(27) わが国の都市における犯罪の割合が、移民自身よりもその子どもたちのほうにはるかに高いという事実は重要です。通常ヨーロッパの農民生活の中で形づくられた移民の道徳的宗教的伝統は、都市文明のより大きな諸問題には不十分かもしれませんが、第一世代の間では崩壊することなく、それぞれの生活の挫折からかれらを守りました。［ところが］第二世代では、「近代性の酸」［ウォルター・リップマンがその著書『道徳序説』（一九二九年）で用いた言葉］

すなわち、種々の競合する文化と宗教的伝統およびすべての宗教的文化的伝統を崩壊させる都市生活の影響が、若い人々を、かれらの生活を秩序づける十分な力を持っていた規律から自由にしてしまいました。オズワルト・シュペングラー〔一八八〇―一九三六。ドイツの文化哲学者・歴史学者〕は、都市生活における人格を無視した関係に必然的に起因する文化や道徳の退廃について、説得力のある分析をしています。すなわち、都市生活が、根なし草的な、無秩序に陥る個人を生み出すのは、かれらがいかなる偉大な伝統ともそれと一体化するような形で関わっていないからであるというのです。

さまざまな宗教的伝統から考え方などを取り入れながらも、何ものにも従属しないある合理的な規律によって生きるごく少数の人々がいる可能性はいつもあります。〔しかし〕そのような規律が、はたして高度な宗教性にふさわしい活力をこれまで生み出したことがあったかどうかは、T・S・エリオット〔一八八八―一九六五。イギリスの詩人〕が示唆しているように、宗教的信念に寄生していた昔の時代を除けば疑わしいことでしょう。しかし、どのようなものであれ知識人たちの小さな集団では合理的な規律が可能かもしれませんが、大衆はかれらの生活が宗教的信念によって命令され指示されることを必要としています。その信念は、共産主義の場合のように非宗教的であると公言されることもあります。しかし、公言がその信念を非宗教的なものにするわけではありません。共産主義は、合理性の限界を超越している限り宗教的です。それは、生が何であり何であるべきかについてのすべての究極的信念の場合と同じであるはずです。生の営みはそれ自体合理的ではありません。理性は、われわれの中心となる信念を洗練するとともに限定し、われわれの主要な忠誠心を方向づけしなおしたり方向転換させたりしますが、忠誠心それ自体は宗教的です。なぜなら、忠誠心は、生の意味と存在の目標についての本来的な概念かそれとも受け継がれた概念かそのいずれかから生じますが、どちらもつねに理性を超えた信念を意味しているからです。

わたしの知人の非常に聡明なソーシャルワーカーは、かれ自身は無宗教ですが、問題児を扱う際にいつも子どもたちの宗教的な遺産を強化することにしています。かれは、それが他のどのような力でも代えることのできない支柱を提供してくれると考えているからです。警察の警戒を強化することで解決しようとしているアメリカの都市における犯罪の問題は、実際には、平均的な都会人が生活している霊的な混乱を原因とする症状にすぎません。そのような症状は、ヨーロッパの都市よりもアメリカの都市のほうに目立っています。なぜなら、ヨーロッパの都市では、民族的・宗教的・文化的遺産が、都市の内部に深く影響を与えるものとして敏感に受け止められているからです。[ところが] その遺産は、われわれアメリカの都市における移民の息子や娘たちの間には生きていないのです。過去の文化を破壊するアメリカ文明のような機械的文明が、われわれ自身の生活の問題に妥当する新しい宗教文化を形成できるかどうかは疑問です。もしそれができないのであれば、混乱をこれ以上悪化させないためには、可能な限り伝統的な規律を固守するほうがよいでしょう。

もし伝統的な宗教が混乱を防ぐことができるとすれば、活力ある宗教にはそれを解決することが可能です。〔宗教的〕回心の経験は、合理的な宗教からは不信の目で見られがちであり、伝統的な形で統一され統合された人格の持ち主からは、自分たちの多様な必要に関係ないものと考えられています。しかし回心の経験は、自らの感情の犠牲になって生活に品位ある秩序と統一を達成してこなかった人々には、いつも、混乱から抜け出し秩序をもたらす有力な力になってきました。現代の心理療法は、個人の生活における解決される必要のある葛藤を科学的に分析するという点では、宗教の伝道者より優れているかもしれません。宗教的リバイバルは強力な感情を生み出し、時には、葛藤を分析することなく葛藤を追い払うこともありました。しかし、そのようにできないこともありました。個人が直面する具体的な問題に的確に対処しなかったからです。それにもかかわらず、この失敗はいつも、一般に考えられているほど致命的ではありませんでした。至高の存在への依存感覚と、その存在の意志への情緒的な傾倒と、われわれの最高の目的を達成するためのその存在の慈愛に満ちた援助への信仰を伴う宗教は、白熱した崇高な感情をつくり出すことができます。それは、それより低いすべての感情や関心を破棄し、散漫で混乱した偏見を魂から追放し、思い描くことのできる最高の目標に向けて方向づけしなおします。神の意志によって決定されたとされるこの目標は、具体的な道徳問題について合理的な分析が提供できる最高の目標ではないかもしれませんが、一方において、ある程度の高い目標にもなります。それは、冷静で慎重な理性が勧めるいかなるものにもまさって自己を与えることを促す利他主義を意味しています。

真の宗教的回心には、キリスト教に暗示されている確かさと確信に従えば、教養ある人々がほとんど理解しない要素であるとはいえ、もう一つの大きな治療的価値、すなわち恩寵と赦しの確信という価値があります。現代思想は、あまりに決定論的になりすぎ、因果律の影響を受けすぎているため、この確信に大きな信頼を寄せることができません。宗教的恩寵は頻繁に魔術に退化してきたために、現代思想はとくにそれに批判的です。そのようなことが起こらず、恩寵と赦しの宗教経験が個人の神秘経験として保持されているときでさえ、それにはそれ自体の道徳上の危険があることを認めないわけにはいきません。そのような神秘経験は、安易に道徳的な努力を阻止し、勇敢な努力をしてきた者にのみもたらされるべき平和を、手っ取り早い方法で獲得する道を人々に提供するからです。それにもかかわらず、恩寵と赦しの宗教的経験は、生の多様な営みのうちにあって、さまざまな必要を満たしています。それは抜け目のない現代が理解するよりもはるかに現実的です。罪を赦し、「たといあなたがたの罪は緋のようであっても、雪のように白くなるのだ」［イザヤ一・一八］との確信をもたらす神の愛は、単なる想像から生まれる虚構ではありません。それは、生活の中に姿を現す現実的な力である癒しの力についての宗教的象徴なのです。自然の中にさえ癒しと救いの力があります。稲妻によって打たれた木がいつも枯れるとは限りません。幹の裂け目は覆われ、その痛みは自然自体の力によって止められます。もし汚染された空気を洗浄する自然の豊かな錬金術がないとしたら、大都市の共同体は窒息せずにどのように存在できたでしょうか。人間や道徳の領域では、われわれに最も近くにある最も愛すべき人々や、われわれの弱さや失敗にもかかわらずわれわれへの信頼を失わない人々の愛はいつも、宗教的想像力によって、神の優しさと赦しの愛の象徴と見なされていますし、またそう見なされてきました。宗教がすることは、生には癒しと救いの力が働いているという事実と、次のようなオマル［オマル・ハイヤーム　一〇四八―一一三一。セルジューク朝ペルシャの学者・詩人］の嘆きの結論が現実に真理ではないという事実を強調し、それに無限の重要性を付与することです。

動く指は書く、書いてはまた書き続ける
あなたがどんなに敬虔と知恵を尽くしても
その指を呼び戻し、そのほんの半行でも取り消させることはできない
あなたがどんなに涙を枯らしても、その一語すら洗い流すことはできない［訳注1］

宗教は、混乱に陥り環境と自分自身の情熱の犠牲となってきたすべての人々に、過去を克服することができ、現在や未来を支配する必要がなくなるという確信をもたらしますが、それには非常に有用な治療的価値があります。この確信を生み出す生の営みの秘義を理解せず、宗教的な生の営み

のこの面全体を迷信的な過去と見なすソーシャルワーカーは、宗教における救いの力を、それを必要としている人々に提供することはできないでしょう。

宗教は、心の中の混乱に苦しんでいる人々だけでなく、厄介な問題を引き起こす環境の犠牲になっている人々や、不確実と不安定な実存の危険に直面している人々にとって、一つの助けとなるでしょう。宗教には安心の感覚があります。宗教的な人は楽観主義を育みます。楽観主義は、その退廃した形態では、さまざまな事実と矛盾する人生の価値についてロマン主義的な幻想を生み出します。しかし、純粋で古典的な楽観主義は、人生における目の前の事柄から究極的な事柄にまで訴える一種の英雄的な勇気です。この宗教的な安心感の治療的価値については、以下のように心理療法の専門家に語らせるのがよいでしょう。

> ここでは、神経的な病気の治療に必須であるくつろいだ精神状態と宗教的献身の特徴との間にある密接な関係について指摘できればそれだけで十分です。「主を待ち望む者は新たなる力を得」［イザヤ四〇・三一、強調は著者による］ます。ここには、休息と仕事の交代と、肉体の力とは異なる精神的な性格を持った力の源泉が強調されています。キリスト教は次のようなことを教えています。すなわち、休息には、仕事からようやく手に入れる［休息の］時だけでなく、明日への心配も、赦された過去への恐れも気にかけずに、心配や不安から心を解放することに

よって得られる休息もあります。そうした休息を学ぶことは、他者のために自らの精力を使い果たすことを恐れない人々のうちにある「あり余る補給庫」を利用することです。生の営みがわれわれの内外で激しく動揺していても、われわれの魂は安らぎの中にあります。

昔の人たちの宗教的な文書は力の基調としての信頼と明るい振る舞いを絶えず強調しました。「穏やかにして信頼しているならば力を得る」［イザヤ三〇・一五］。「あなたがたは、心を騒がせないがよい」［ヨハネ一四・一］。「思いわずらうな」［マタイ六・三四］。「勇気を出しなさい。わたしはすでに世に勝っている」［ヨハネ一六・三三］。「心おののく者に言え、『強くあれ、恐れてはならない』」［イザヤ三五・四］。次の言葉は、現代の戦争神経症病院で、われわれの目の前で文字通り成就しています。「見えない人の目は開かれ、聞こえない人の耳は聞こえるようになる。その時、足の不自由な人は、しかのように飛び走り、口のきけない人の舌は喜び歌う。……彼らは楽しみと喜びとを得、悲しみと嘆きとは逃げ去る」［イザヤ三五・五、六、一〇］。これらの言葉は神への信頼の示唆と、その心だけでなく身体への効果による治療を、正確にそして驚くほど見事に描写しています。

教会が失ってきたこの力は再発見されつつありますが、それは［キリスト教的な仕方とは異なる］別な道筋に沿ってです。魂の医師である心理療法の専門家は、キリスト教のさまざまな実際的な原則の有効性を認めざるをえませんでした。ただ、その原則の基礎になっているとされている教理については、それを受け入れているかもしれませんし、受け入れていないかもしれません。

わたしは、神学それ自体に関心を持っていない一人の心理療法の研究者として語っているのですが、キリスト教は、精神の調和と平和と、大部分の神経症の患者たちに健康と力をもたらすために必要とされる魂の確信を生み出す、われわれの手にある最も価値ある有力な影響力の一つであると確信しています。わたしは、穏やかさと信頼を勧めることによって神経症の患者を治療しようとしたことがありました。しかし、これらの勧めは、それをクリスチャンの信頼と希望の本質である神の力に対する信仰へと結びつけたときはじめてうまくいきました。その結果、患者は元気を回復したのです。(28)

宗教を批判する者は、宗教的な生の営みのこの側面をとらえて、宗教に対するある程度有効な批判を展開します。かれは、宗教が、幻想を広め、人々に現実から想像の世界に逃避する機会を提供し、幼児的依存心を持ち続けさせ、完全な情緒的成熟にいたらないようにさせ、人々を社会生活の厄介な状況を宗教者自身以上に平然と受容するようにそそのかしていると言うでしょう。これらすべての告発にはある程度の真理があります。しかし、宗教的な安心の感覚はそのように簡単に処理されるべきではありません。宗教的楽観主義に幻想が生じるのは、人生の困難な事実が否定される場合であり、逃避が生じるのは、現在の困難を直視しない場合です。「とこしえの御腕《み》がそれを支える」［申命三三・二七、新共同訳］ことを信じた男女の輝かしい勇敢な行動を証している歴史を目の前にするなら、生の究極的な恩寵と無限への信頼が、当面の諸問題を現実的に処理する能力を奪っていると主張することは馬鹿げたことでしょう。宗教は、人々が諸問題を適切に処理するために必要な、ほかならぬ平静さと落ち着きを付与します。人生は善いものであるという宗教的楽観主義者たちのまさにその信仰が、それ自体の正当性の証明になることがあります。それは、かれらが、自身の内部で、また他の人間の内部で、自分たちに突きつけられた課題に立ち向かうだけのエネルギーを発揮することによってです。人間の活力源は、決して固定した数や力からなるものではありません。潜在性の中にある人間は、具体的な時の中にある人間とまったく同様に実在しているのです。もちろん、神の善についての宗教の究極的確信は、人生が浮かび上がらせる混乱と悪に心が奪われている人々に対しては決して証明されえない信仰の仮説ですが、自分自身の内的な経験において正当性を立証できると考えてきた人々には、それが誤りであると反証することもできません。これが宗教的な信仰の本質なのです。信仰は最後まで理性を超えたままでなければなりません。なぜなら、信仰は、人間の外部にある世界を自らの活動にとって意味あるものとするからです。また、信仰は、純粋な合理性の規準に照らせば矛盾ですが、究極的な知恵に根差している矛盾です。それは、多くの人が、矛盾を否定している最中でさえ無意識に陥っているような矛盾です。

宗教の楽観主義と安心感は、人々がそのもとで苦しんでいる社会悪を現実的に処理し、それに勇敢に抵抗することを妨げるものだとする批難は、おそらく最も深刻で最もまことしやかな、いわば起訴されうる告発です。実のところ、変えることのできない環境に対応するために、生の営みについての宗教的な戦略は賞賛すべきものです。しかし、状況が、変えることができ、それらを変えようとする人間の意志に従うとき、宗教的な戦略はそれほど賞賛すべきものではなくなります。いかに逆境を勇敢に担うべきかを知ることと、「貧に処する道」と「富におる道」［ピリピ四・一二］を知ることは価値あることとです。しかし、もし逆境が気まぐれな環境や自然の無分別によるものでなく、人間の愚かさと社会の不正によるものだとしたら、宗教の徳は怪しげなものとなります。実際、宗教的な接近方法は自然における人間の問題に立ち向かうには適しています。すなわち、宗教的な接近方法は、人間社会を人間の精神にとって住みやすいものにする責務よりも、自然界の敵対する力との釣り合わない人間の戦いにおいて、敗北からからくも勝利を手に入れるような働きに適しています。宗教は民衆のアヘンであると主張する急進主義者は、部分的には正しいところがありますが、かれらは自分たちの理想社会を打ち立てるときまで、自分たちが部分的に間違っているということを自覚することは決してないでしょう。やがてかれらは、たとえ理想社会においてさえも、人々は、病気に苦しみ、死に直面し、厄介な運命に出くわし、人間の営みに部分的に良い結果をもたらすと同時に、それと敵対もする世界から受ける侮辱に耐えなければならないということに気がつくでしょう。ロバート・ルイス・スティーヴンソン［一八五〇―一八九四。イギリスの小説家。代表作『ジキル博士とハイド氏』］は、「人間は成功するように定められているわけではありません。失敗が、すべての人間に割り当てられている宿命です」と言いました。このことが真実だという意味で、宗教はいつも、失敗が転じて勝利となりうる仕方について語るべき言葉を持っています。人類のすべての病は新しい社会秩序を形成することによって除去されうると人々が推測するわずかな期間だけ、宗教はその人々から軽蔑されるでしょう。こうしたことすべては次のような事実を変えるものではありません。すなわち、古い社会が崩壊し、新しい社会が建設されなければならない歴史の特定の時期、すなわちわれわれがいま生きているこの時期、宗教はしばしば抵抗勢力であるという事実です。なぜなら、宗教が生み出す静寂と安全は、時のすべての栄枯盛衰を超越し、人々にかれらが直面しなければならない歴史的社会的諸問題から距離を置く態度をとらせるからです。とはいえ、宗教は、その徳が、不当な強調と機を逸した適用によって悪徳に転じかねない唯一の力ではありません。どのように危険が付いて回るとしても、徳が徳であることに変わりはありません。ベルンのデュボア［ポール・C・デュボア　一八四八―一九一八。スイスの心理療法家、神経病理学者］は、かれ自身は不可知論者ですが、次のように主張しています。

もし、信仰に、信者の中に真のキリスト教的禁欲主義をつくり出す十分な命があるならば、それは、魂の病気に対する最高の予防であり、それを癒す最も強力な手段になります。かれは、神によって引き上げられているように感じ、病気も死もおそれません。苦難のただ中で動揺することもありませんし、神経質な人々が持つ臆病な感情に襲われることもありえません。[29]

ここまでわれわれは、個人の精神的霊的健康に対する宗教の力だけを扱ってきました。しかしながら、宗教は、社会の健全さの原動力でもあるのです。もちろん、大きな共同体の問題には、すでに観察したさまざまな限界が働いています。またそれに加えて、宗教の教派的な分裂があり、それはしばしば共同体の営みを争いと偏見で引き裂きます。宗教は、集団間の関係におけるその社会的な影響において、それが関係する集団にあまりに簡単に過剰な神聖さを付与します。しかし、このような仕方で宗教は集団の営みを神聖化し、集団間の関係に健全な影響を及ぼします。種まきや収穫や勇敢な過去を記念するような祝祭行事で、宗教的な意味での共同体の精神を表現する習慣や理想を宗教的な原理に由来すると考える共同体は、その営み全体を高い水準に引き上げ、世俗文化が供給することのできない安定を得ています。さらに、宗教は、相互の自制と赦しを強調し、宗教的な営みに何らかの真実な活力があるとすれば、共同体の生活に起こる避けがたい摩擦を緩和する働きをします。そもそも真の宗教には、すべての人がそれに苦しむ、もしくはすべての人がそれに誘惑される、生来の道徳的なうぬぼれを打ち壊す謙遜と悔い改めの感覚があります。「なぜ、兄弟の目にあるちりを見ながら、自分の目にある梁を認めないのか」[30]とイエスは言われました。より批判的な自己評価とより同情的な隣人評価を促すこの洞察は、高度な宗教の真実で本来的な属性です。そしてそれは、悔い改めと赦しがいかに自然に相互に関係しあっているかを示しています。われわれが愛をもって兄弟たちを扱うことができるのは、われわれ自身の魂の中にかれらの限界に類似するものを見いだす限りにおいてです。人間の動機と人間の行動についてのどのような綿密な分析も、すべての人間の脆さに共通する普遍的な原因を認識できるようにするはずです。しかし実際にこの目的のために十分厳密な分析をすることができるのは、宗教的な洞察だけです。それだけが、人間の間の徳や達成における違いの中に、重要ではないものを発見し、「すべての人間は神の前に義とせられない」［ローマ三・二〇］ことを知ることができる高い視点から人間の本性を見るのです。

共同生活において健康をもたらす宗教精神の影響力がどこよりも明らかになるところは家族生活です。宗教は親密な共同体において最もよく機能します。なぜなら宗教的衝動は、直接適用できる場所を見いだせない場合、その徳のいくらかが失われるからです。その衝動は、複雑な社会関係をとおして道徳を導くために必要とされる賢明な社会的知性と結びつかなければなりません。関係が密であり、それゆえ摩擦が頻繁である家族では、［性のような］自然［の力］が、こうした摩擦を和らげる力となります。とはいえ、性の自然な誘因力は、家族生活における不幸を防ぐのにふつうは十分でありません。宗教が、相互の自制と赦しの態度を促し、家族の結合の神聖さを強調し、それによってその永続性を前提とするところでは、困難を、まったくの世俗的な雰囲気の中で解決するよりもっと容易に解決する別の雰囲気が生み出されます。宗教は家族生活においてその最高の勝利を達成するとの主張は過剰な表現ではありません。離婚が、着実に増えつつあり、名ばかりの宗教的な人々の間でもかなり頻繁である一方、活力ある宗教が維持されている家族の間では、離婚が非常にまれであるということはまぎれもない事実です。

ソーシャルワーカーはますます、崩壊した家族や限界状況に瀕している家族の問題に対応しなければならなくなっています。それは、ソーシャルワーカーが、宗教的助けを必要としている不幸な家族に宗教的資源を供給することができるという意味ではありません。むしろ家族の中に変わらずに存在している宗教的力を、それがどのようなものであれ利用することができるということです。その力の強さに気づいたとき、ソーシャルワーカーは、それを補強し、危険に瀕している家族に一致をもたらす救いの力にすることが十分にできるでしょう。

第四章

個人と社会における不適応の原因としての宗教

宗教が生活にもたらす影響を検討するには、宗教の不変の徳を想定するのではなく、宗教の超越的な重要性を想定して取り組まなければなりません。宗教の社会的道徳的有用性についての信奉者と敵対者から生じる相反する評価は、単に対立する偏見によるものではありません。むしろその評価は、宗教が、健全な影響力を持つことはもちろんですが、実際には有害でもある、あるいは有害であるかもしれないという事実によっています。宗教に賛成もしくは反対するそうした個人的な偏見は、いつも、自らの立場を正当化するような証拠を選んで持ち出します。その両方の側にそれなりの証拠があるのです。

信仰は、個人を結びつけ、社会を安定させ、社会的想像力を生み出し、社会生活を浄化します。しかし、昔からある悪を持続させ、社会的不活発さを増大させ、幻想を生み出し、迷信を維持することもします。信仰はまた、内省を病気になるまで突き詰めさせますし、しばしば道徳的感受性を低劣なレベルにまで低下させてしまいます。ソーシャルワーカーは、不適切な宗教に悩む人々や、あるいは宗教的な経験や力を、機を逸して適用したり過剰に強調したりすることに苦しむ人々と絶えず接しています。宗教については、人間の命の高い価値についてと同様、次のシェークスピアの言葉が当てはまります。

いかに美しいものでも行為しだいで忌わしくなる。
腐った百合は雑草よりもずっとひどい臭いを放つ。〔訳注2〕

ソーシャルワーカーがしばしば接する社会的不適応の一つの重要な原因は、家族と共同体における宗教的忠誠心の敵対させる性格です。宗教は、それが関わるあらゆるものを絶対化しがちです。宗教は、それが有機的に関係する社会の習慣や集団関係に、神的なるものや永遠なるものの神聖さを付与します。それはしばしば、理性の十分正当な判断が、新しい社会経験や〔宗教と〕対立する社会的な忠誠のほうを選択すべきときでさえそうです。これまで考察してきたように、宗教が共通していれば、家族を団結させますが、宗教的伝統が対立している場合は、家族崩壊の原因になることも多くあります。カトリックとプロテスタントあるいはユダヤ人と異邦人の隔たりを乗り越えてきた多くの幸福な家族はあります。社会的幸運や家族の愛情が通常以上であれば、信じる宗教が異なることから生じる摩擦の可能性は克服されるでしょう。しかしいつもそうであるとは限りません。家族生活では、あらゆる共通の関心や忠誠心は益となりますが、対立する影響はすべて危険です。ムーア神父は、その著『力学的心理学』において、家族における宗教上の摩擦について通常より深刻な結果をもたらす事例を次のように挙げています。

ある事例でのことですが、ある女性に、神経症的性格からくる絶え間ないけいれんの発作がありました。それは、かの女が相談してきた優秀な専門家たちにも原因がわからないものでした。この患者の心の病歴によれば、かの女は、結婚する前に夫と、男の子どもはすべてプロテスタントに、女の子どもはカトリックに育てるという合意を交わしていたことが明らかになりました。この取り決めは、それに先立って司祭の前でなされた、すべて子どもはカトリックとして育てるという通常の約束の取り決めの後に交わされたものでした。そのあと結婚は延期されましたが、形式上最初の合意に基づいて結婚しました。しかし、第二の合意は司祭には知らされていませんでした。最初の子どもは男の子でした。かの女は、いずれすべてうまくいくであろうとの思いで自身を慰めていました。しかし、夫がかの女に合意を果たすよう要求した時、かの女の問題が始まりました。そして間もなく最初の発作が起こりました。再び妊娠すると、かの女は宗教問題に深刻に悩むようになり、発作の回数が増していきました。もっと冷静に受け止めるようにとか、発作はたいしたことではないと指摘し自分の力で状況を克服するよう努めてみるようにといった説得をしてみました。すると目覚ましい改善が見られましたが、長くは続きませんでした。あとでわかったことですが、かの女は以前の状態に逆戻りすることに苦しんでいたのです。かの女の発作が心因性のものであっててんかんではないということが、かの女を見、数時間続いた発作を目撃した何人かの優れた専門家の結論でした。発作は、「あなたが妥協を許さない厳しい態度でわたしに何をしたのか考えてほしい」という夫に対する抗議によって引き起こされたというのが、この症状の経緯によって証明されている解釈です。(31)

カトリック教会は、信徒と異なる宗教を持つ者との結婚から生まれる子どもは、カトリックとして洗礼が授けられ教育されるべきであると主張しています。そして、結婚が教会の認知を受けているのであれば、たとえそれが家族生活を危険に陥れるとしても、むしろ教会への忠誠を優先するようにとの明白な実施例を示しています。最近、教皇が、この点について「カトリック」教会の立場を強調したため、連邦教会協議会［プロテスタント諸教派の連合体。一九五〇年「キリスト教協議会」設立と同時にそれに合流］は、この宗教的強硬姿勢に巻き込まれることで結婚の幸福と永続性に危険が生じているとして、異なる宗教間の結婚を避けるよう勧告する声明を出しました。

このように、宗教はしばしば共同体を分裂させる力でもあります。アメリカのプロテスタント教会の教派的分裂は、大きな都市共同体がふけりそうな贅沢です。ところが地方の町や村では、それはまぎれもない悪です。この点についてはこれまで多く書かれてきましたので、ここで詳しく述べるまでもありません。この教派主義に起因する責任の低下と分裂より深刻なのは、しばしば宗教によって引き起こされる実際の社会的な対立です。宗教の問題は、ほとんどの都市共同体の政治的な営みにおける混乱の潜在的な原因です。戦後［第一次世界大戦後］のクー・クラックス・クランの突然の再燃は、アメリカの営みにおける社会的摩擦の原因として、宗教的偏見が依然として変わっていないことを示しています。クランは実際には宗教的忠誠心の手段ではなく、黒人やユダヤ人や南ヨーロッパからの移民に対する北ヨーロッパ系の人々の恐れと憎しみの表現でした。それは、宗教的な偏見というよりも頑迷な人種的信念の表現でした。しかし、その人種的憎悪を宗教的な忠誠心の背後に隠しえたという事実は、宗教は利用されることがある、という興味深い教訓となっています。クランの中で自己主張をしているのはプロテスタントではなく北ヨーロッパ系の人々でした。しかし、かれらは圧倒的にプロテスタントでもあるがゆえに、プロテスタントの遺産に対する忠誠がかれらの偏狭さを駆り立てたという幻想を生み出しました。すでに観察してきたように、宗教はいつも宗教に献身する者の見地から、時間と空間における相対的な事柄を絶対的なものとして価値づける傾向にあります。宗教は、その絶対主義の香りのゆえに、人種や政治の相違に起因する憎しみに悪魔的な特質を加えています。北アイルランドと南アイルランドの対立は実際にはアイルランド人とスコットランド人の間の対立です。しかし、スコットランド人がプロテスタントであり、アイルランド人がカトリックであるという事実が対立に熾烈さを加えています。なぜなら、その事実は、それぞれの立場に、自分たちの遺産を守ると同時に、その人種や民族の営みを超越するある種の絶対的価値を擁護するという意識をもたらすからです。宗教は、有限な洞察や部分的な視点や目前の状況における限定された忠誠心の背後に、いつも永遠の神の意思を据えるのです。

宗教のこの同じ傾向が、社会的不適応のもう一つの重要な原因です。新しい社会経験が家族や共同体の慣習を修正もしくは廃止すべきだと主張するとすれば、宗教はそれらを存続させようとします。たとえば、ポーランド人の移民家族の場合、専制的な家族生活のゆえに、子どもたちの収入を両親が取り立て、子どもたちの結婚生活に親が干渉することが許されています。そうしたことはしばしば、自由なアメリカ的な家族の伝統による強い反対にあいますが、その反対に逆らって、宗教的な権威によって自分たちの専制的な家族生活を維持しています。同様に、産児制限に対する宗教的な反対は、しばしば、母親たちを負いきれないほど耐えがたい重荷で縛っています。わたしの経験では、多くのソーシャルワーカーたちが、他のどの問題よりもこの問題を扱うことが多いため、権威的な宗教に耐えられず、それに批判的になっているのを見てきました。ソーシャルワーカーたちが、一年に一人の割合で子を産む負担から母親たちを解放することを願う、そうした母親のための出産前診療所をつくる努力は、宗教的権威の介入によって挫折させられてきました。［カトリック」教会は、産児制限を「自然法」への干渉であると言明しています。もっとも、教会が司祭に独身を課し、それによって別の仕方で自然法からはずれているのは矛盾ではありません。アンドリュー・ホワイト〔一八三二―一九一八。アメリカの歴史家・外交官〕の報告によれば、十九世紀、スコットランドの聖職者は、出産時に麻酔を使うことを、「神が本来女性に与えたのろいを回避する不信仰な試み」として反対しました。これは、さまざまな経験上の事実や人々の必要とまったく無関係でなされる宗教的拘束がいかに危険であるかを示す良い例です。

離婚に対する宗教的な反対は、それがカトリック教会の場合のように妥協を許さないものとして維持されるとき、大酒のみや放縦な配偶者のゆえに耐えられない状況や、避けがたい侮辱を受ける状況をもたらすことになることは確かです。サクラメントとしての結婚という宗教的理想には、われわれが考察してきたように、それ自体の正当性があります。しかし、理想が法に変えられ、霊的手段に欠ける人々に理想を遂行するよう命じられるとき、理想は耐えがたい重荷となりかねません。結婚の永続性が絶対的で無条件の法とされ、例外がめったに許されないゆえに人々が苦しむという残酷さを容認してはなりません。その上で、可能なら、結婚は永続的であるべきだと考えておくのが妥当でしょう。この点で、家族の問題を扱うケースワーカーは、宗教的に頑迷な人と対峙するため、宗教が現代生活になお維持している権威を否定する誘惑にあってきました。

宗教的権威主義が社会的な危険をもたらす事例は枚挙にいとまがありません。そのような権威は、現代社会の経験や必要性に関わらないどころか、充実した生活を確実に危険にさらしかねない慣例や慣習をしばしば存続させています。

宗教的な態度には、多くの場合、ソーシャルワーカーが直面する社会や個人の問題を悪化させる、頑迷で想像力に乏しい道徳主義の特徴があります。高次の宗教は、すべての状況において罪責を認めあうことを主張します。イエスは、罪のない者が最初に石を投げるようにと言われることで、過ちを犯した女に石を投げつけようとした人々を非難しましたが〔ヨハネ八・三―一一〕、それにもかかわらず、おそらく、女を石打ちにすることを主張する宗教のほうが、心の頑迷さを断罪する宗教よりも多いことでしょう。ソーシャルワーカーはしばしば、未婚の母やわがままな娘に厳しく当たる両親の問題を処理する依頼を受けますが、こうした両親たちは、家族の徳をたてに憤慨しているように装うことで、傷ついた家族の誇りを隠しています。子どもたちの罪を自分たちも共有しているという、偏見のない人にはしばしば明白なことを、かれらはもちろんわかっていません。威嚇するような、想像力に欠けたこの種の道徳主義は、宗教が必然的に生み出すものではありませんし、まったく非宗教的な人々の中にも現れることがあります。それにもかかわらず、そのような道徳主義は、とくに旧来の宗教的な人々の間に共通しています。伝統的な敬虔は、しばしば自己の正しさを主張しあら探しをする態度を強調します。

伝統的な宗教は、とくにそれが衰退しつつあるピューリタニズムを象徴している場合、しばしば過剰でバランスに欠けた道徳主義を次のようなところで表現しています。すなわち、わがままな者たちを許さない態度の中だけでなく、想像力に欠け視野を狭める宗教的情熱と、社会的に無意味で無害な道徳的規則においてです。〔たとえば〕安息日の遵守は全体としては世界に対する祝福でしたが、健全な気晴らしに反対する無意味な禁忌を伴う日を設定することによって、労働者から週に一日の気晴らしの機会を奪ってしまう宗教的道徳主義者がいまもいます。劇場に行くこと、カード遊び、ダンスといったことを禁じることに意味があったとすれば、それは道徳的ではなく文化的な次元のことでしょう。とはいえ、ダンスについて言えば、とくに急速に一般的なってきた社交の一形態を教会が禁止することは、教会が若者の生き方の全体に関わることを妨げ、若者の間に偽善を助長することになります。教会が性の問題に有益に対処したのは、性関係における極端な弛緩が強硬な反動によって性行動を健全にした時期だけでした。そのほかの時期では、性は不純だという非常に古い前提や、若者の間の性の事柄を扱うときそれに付随する不真面目さを一掃することができたのは、ごくわずかの宗教的な指導者や教師だけでした。カトリック教会は、性の事柄を扱うにあたって教会に賢明で抜け目のない姿勢をとらせる二元論的倫理によって、この点におけるいくつかの最悪の事態を回避してきました。他方、修道院運動は、性を不潔なものと見なす宗教の傾向を、禁欲全体すなわち独身制と純潔への特別な手段へと方向づけたのでした。

性に対する宗教の態度について、現代の道徳主義者たちは、そこに、バランスと、人間本性の複雑さを鋭く理解することがともに欠如していることを見破っています。そうした性に対する宗教の態度は、宗教から生じる道徳性のきわめて一般的な限界である宗教的熱狂主義の典型です。宗教は、それ独自の洞察を生み出し、社会の関係や社会の責任について想像力に富んだ視点をもたらしますが、それは、神が支配する世界という宗教的な教義もしくは神への道徳的な責任についての宗教的な経験に直接由来しています。しかし多くの場合、宗教は、以前から持っている道徳的確信を先鋭化し、以前から持っている道徳的態度を強化するだけです。ロスコモン伯爵［第四代ロスコモン伯爵ウェントウォース・ジロン 一六三〇頃―一六八五］に「一人が霊感を受ければ、一万人がそれに取りつかれる」と言わせたのは、宗教とりわけ活力ある宗教における行き過ぎたこの態度なのです。合理的なモラリストは、提案された行動に関わるすべての価値を注意深く分析し、さまざまな価値の相対的な主張を同じように注意深く比較することによって、自分の判断を打ち出します。それゆえ、合理的な道徳性が生み出す徳は冷静な熱意とバランスです。他方、宗教は、感情の事柄か、伝統の中に体現され固定化された感情か、どちらかです。どちらの場合も、それはいつも、道徳問題についてのバランスのとれた見解に潜在する危険に関わっています。もし、それが宗教の献身者を活気づける崇高な感情であるとしたら、その行動は、合理主義者が達することのできない気高さを達成することもあるでしょう。宗教は狂気ですが、おそらくは高貴な狂気です。しかし感情はどのようなものであれ、他の高い価値に対してと同様に、高い道徳性が必要とする冷静な判断を妨げることがあります。それは、他のすべての価値に反対し、一つの行為に関わる一つの価値を強調しすぎるようになることもあります。たとえば、宗教が禁酒運動を支持する場合、宗教は、政治闘争における禁酒問題に関わる他のあらゆる問題をただちに無視しがちです。道徳的責務が単純だが困難であるところでは、宗教的な衝動にはその遂行のために必要な原動力を供給することが求められます。しかし、道徳問題が多くの矛盾し競合する価値を伴う複雑な状況に関わるとき、宗教はつねに道徳的な葛藤における有用な協力者であるとは限りません。宗教は問題を過剰に単純化してしまうのです。宗教が、現代の感情ではなく伝統の中に具現化されている過去の歴史的な感情を具体化すべきだとしたら、それは、宗教の道徳的な勧告に内在する熱狂に見当違いなものを加えることになってしまうでしょう。そしてそのような事態はしばしば起こっています。

合理的な道徳性の危険は、それが道楽になってしまうことです。道徳的な目的に向かう衝動を導く同じ理性がその衝動の力を破壊するのです。理性の人は、以前の創造的であった時期に得たものを強化したり、そのちょっとした限界を修正したりすることはあります。しかしその得たものは、宗教的な人々によって獲得されたもので、かれらの精神の中で肉体の衝動は理想に向かう衝動と融合します。理性は衝動を制御しますが、宗教はそれを変貌させるのです。理性は、宗教のように創造的でもなければ危険でもありません。宗教は、その営みにおいても、その死せる姿である伝統においても危険です。宗教はその営みにおいて危険です。宗教にあっては、創造的で活力ある衝動がバランスのとれた理性の力に我慢できず、小さな目標に没頭してしまうことがあります。あるいは、宗教は高い目標に向かって没頭することもありますが、目標に達するには大きすぎる値を払うことになります。宗教の生き生きとした衝動が衰え、伝統に退化しても、伝統は生の営みの荒れ狂う情熱の中でなお生を秩序づけ、その統一を維持します。しかし、伝統には、生の営みに現れるさまざまな新しい力や良心が直面する新しい状況を認識することができるほどの理解力はありません。理性と宗教の間に究極的な選択はありません。それぞれのうちに、非常に多くの徳があるとともに、非常に多くの悪徳もあります。良い合理主義者は、自分の行動に関係するすべての要素を分析してから行動します。悪しき合理主義者はまったく行動を起こしません。なぜなら、そのような合理主義者には、分析によって呼び起こされる罪の意識をひっくり返すだけの、宗教がもたらす、「抑制を吹きとばしてしまうほどの強烈な熱情」［訳注3］が欠けているからです。良い宗教には、生の高潔な衝動をすべて融合させ、それを高い目標に結びつける直観があります。それは、過剰に注意深い合理主義者がするような分析をすることがありません。悪しき宗教は、生の営みのバランスを乱し、魂を、幾分愚かで風変わりな、あるいは幾分か道徳的な目的でいっぱいにさせますが、その目的は、充実した人生の実際の営みにはおよそ関わることがありません。

残念ながら、われわれは、宗教が本来のものではなく二番煎じになっている宗教的腐敗の時代に生きています。ウィリアム・ジェイムズ［一八四二―一九一〇。アメリカの心理学者、哲学者］は、次のように言明しました。「一つの宗教が正統派的教説になってしまうと、それが内面的であった時代は過ぎ去ったのである。つまり、源泉は涸れ、その信者はもっぱら受け売りをして生活し、こんどは彼らが預言者に対して石を投げる番になる(32)」。カトリック教会は、一世紀前のイタリアの農村生活で意味があったかもしれない慣習を維持していますが、それはわれわれの社会にほとんど適合しません。プロテスタント教会は、大都市のわずかな教養少数派を除けば、もともとの宗教的遺産をほとんど失うほど宗教を現代文化に同化させてきたピューリタニズムの標準によって生きています。その標準は、二世紀前の中産階級にとって意味があったもので、そこでは、節約の道徳と、金持ちの贅沢な習慣や貧しい人々の俗悪さや肉欲に対する自制が主張されていました。しかしそうしたことは、複雑な都市化した産業文明のただ中にある今日ではほとんど意味がありません。もし、われわれが、活力ある宗教を特徴づけている非常な興奮と情熱と、どのような創造的なものにも内在する熱狂の危険を伴った創造的に機能する宗教の力を見たいと思うなら、宗教を否定すると声高に主張する分派、すなわち共産主義者たちに目を向けなければなりません。共産主義は、考えられる最高の宗教ではありませんが、いまの時代に活力を持っているゆえに、学ぶに値する宗教であり、英雄や反逆者たちの過去を回顧する必要のない宗教です。その欠点や残酷さや、人間精神の究極的な問題のいくつかに対する無分別は、むしろ産業文明にひどく苦しめられている現代人の限界の自然な現れです。しかし、共産主義の限界のいくつかは、単純に言って宗教それ自体の限界です。共産主義は熱狂的です。そこには、一つの目標すなわち平等主義的な社会という理想があり、その目標のためならいかなる犠牲もいといません。それはまさに宗教のように、絶えずこう言います。「ただこの一事を努めている」［ピリピ三・一三］。もしわれわれがなすに値する一事を見いだしているとすれば、それこそ語られるべき言葉です。しかし、悲しいかな。われわれは、はたしてその一事を見いだしたのかどうか、また、見いだしたとしていつ見いだしたのか、難しすぎて判断ができません。

第五章

ソーシャルワーカーの原動力としての宗教

われわれは、ソーシャルワーカーが対応する人々の生活における原動力でもあり混乱の根でもある宗教を分析してきました。この章では、ソーシャルワーカー自身の原動力としての宗教について考えることにします。平均的な現代のソーシャルワーカーをわたしが理解するとしたら、多くの場合次のようなタイプの人間です。すなわち、伝統的な宗教によって関心を呼び起こされることがすでになくなっている人間で、伝統的な正統主義に付随する反知性主義によって心が傷つけられているか、現代の科学文化の中で宗教的世界観が直面するさまざまな知的問題によって困惑させられているかしている人間です。それにもかかわらずそのような人間がソーシャルワークに従事しているのは、本人にとって、おそらくその仕事が、青年時代に宗教によって喚起された人類への奉仕の意識を表現するのに最もふさわしい手段であるからでしょう。アメリカでは、いかに多くのソーシャルワーカーが青年時代に宣教師になることを夢見たことでしょう。何らかの似たような志をわたしに告白した人の数を基準にすると、そしてとりあえず、若者たちの志や職業の選択［まだ実現していない段階］を仮に歴史的な事実と見なすとすれば、大勢のアメリカ人ソーシャルワーカーは元牧師［かつて牧師を志したことがある人］という結論になるはずです。多くのソーシャルワーカーたちは、宗教的活動に伝統的に関わる社会奉仕だけでなく、より具体的には、宗教的な修養や実践に代わる現実的な働きも、貧しい人々への奉仕の中に見てきました。ソーシャルワーカーは、そのような人々を具体的に援助する生き方のほうが、宗教的な献身者の漠然として概して実際的でない理想主義よりも確かな満足を与えてくれるものと考えています。

問題は、ソーシャルワーカーが直面するさまざまな困難な事態が、そうした事態に対処しそれを解決する過程から自然に生み出される手段だけで首尾よく解決されうるかどうかです。賢明な人であれば、次のような性格を持つ宗教や霊性があることを否定しないでしょう。すなわち、伝統的な宗教の形式や習慣とは無関係でありながら、人々のさまざまな必要に対する想像力豊かな関わり合いと、そうした必要を満たす誠実な努力とから自然に湧き出てくるような健全で活力ある宗教や霊性です。しかし、この事実は、宗教の資源がより自覚的に求められ適用されるなら、さらに意欲的に生きる可能性とはるかに大きな知恵や勇気をもって困惑させられる諸問題に立ち向かう可能性があることを排除するものではありません。宗教は、ある種の心情であり、信念であり、態度です。しかし同時にそれは、われわれに先立つ時代によって精緻なものとされ、完成され、堕落させられ、元気を回復させられてきたある種の規律でもあります。われわれはこの規律に身を捧げ、それが依拠する仮説や前提を吟味し、それが推奨する態度を身につけ、生きている人も亡くなっている人も含めて、歴史的宗教を具現化している高貴な精神の持ち主といまも交わることができるのです。

ソーシャルワークのような職業では、人格的な人間関係の要素がとくに重要であり、人間に対する思いやりと想像力に富んだ対応が問われます。人間は、徳と悪徳との、また忍耐が試されるような欠点と賞賛されてしかるべき高貴さとの複合体です。それゆえに、人類の事実上すべての人には特定の偏見があるということについて、人間好きも人間嫌いも有り余るほどの証拠を見つけることができます。人間的な接触は、その接触が始まるときに持つ前提に従って人間の本性をどのように理解するかの結論を生み出します。われわれは、最初にその人を愛そうとしたか、それとも憎もうとしたか、その気持ち次第で実際に愛したり憎んだりします。ふつう、愛そうとする意志は、血縁関係によって誘発されるものです。言い換えれば、［血縁関係という］自然が精神を誘発することがなければ、愛することはありません。愛が本格的な悪意に遭遇するような場合を除けば、家族の中では、愛の精神が、その前提［自然が精神を誘発するという前提］を正当化する人格的要素を見いだし、つくり出しながら、勝利します。古典的宗教は、イエスを信じイエスの精神を奉じる人々の場合のように、家族の中に行きわたっている態度を世界に広めます。人類家族全体は父である神のもとに生き、すべての人間は兄弟です。強い者は弱い者の重荷を担います。キリストにあっては「もはや、ユダヤ人もギリシヤ人もなく、奴隷も自由人もな……い」〔ガラテヤ三・二八〕のです。宗教的想像力の眼は、ふつうの見方が環境や風土によってつくり出される違いによって占められているところに類似性を見つけ、世俗的な見方が目の前の現実しか認めないところに可能性を見ます。宗教は、親族集団内に行きわたっている態度を拡張することによって、自然を超越し変えようとします。血縁関係を超えた人々をも包含するためです。「自分を愛する者を愛したからとて、なんの報いがあろうか」〔マタイ五・四六〕とイエスは言われました。宗教の営みが依拠する前提は科学的なものではありません。すべての人は兄弟ではありません。それどころか、人々は絶えず戦いの陣営の中に置かれ、しばしば、兄弟であるよりはむしろ敵なのです。しかし、潜在的にかれらは兄弟であり、また兄弟であると見なすことが、かれらを実際に兄弟とすることに役立つことでしょう。もちろん、宗教的想像力が、いまそこにある現実との接触を見失って、感傷主義に退化してしまう可能性はいつもあります。集団間の関係という難しい問題を扱うとき、宗教の持つ想像力は、しばしば、兄弟関係のような関係を集団関係の中に確立することがあまりにも難しいことに気がつきます。そしてまだ実現していない理想を現実であると主張することによって、醜い残忍な戦いの事実を覆い隠しあいまいにすることで満足してしまいます。ここで宗教はその体質的な問題に直面することになります。宗教は、信頼と善意の態度を繰り返し教えますが、それは、個人と個人の関係では事実上変わることなく成功します。たとえそれが階級や人種の境界を超える者同士の関係であってもです。

ところが、人間の集団は、その集団としての行動において、集団を構成している個人よりも信頼できません。それゆえ、集団間の問題への宗教的なアプローチは、とくに経済や政治の分野では感傷主義という腐敗に左右されてしまいます。宗教的理想主義が今日の経済や政治の営みに効果的に対応するのは非常に難しいことがわかります。宗教的理想主義は、通常政治的な問題に関わる要素を空想的に分析します。この問題については最終章で扱うことにします。政治の分野において、宗教にこうした困難があるからといって、個人的な人間関係の分野で記録されうる長い勝利の歴史が損なわれることはありえません。個人的な人間関係では、信頼と共感の態度がその対象である人間に直接影響を与えるということもありました。すべての人間は、自らのうちに、愛のぬくもりのもとではじめて花開く潜在性や可能性と、信頼の呼びかけにのみ応える未知の能力を持っています。

ソーシャルワーカーは、とくに知的障害者や身体障害者のように、さまざまな限界によって低く見られてきた人々に対応するよう求められています。もちろん、予期しない運命の犠牲になってきたもっと多くの人々にも対応しなければならないのは言うまでもありません。知的障害者や身体障害者などに対応する場合、宗教によって促され維持される共感が、しばしば、かれらを軽蔑したり嫌悪したりする誘惑に打ち勝つ唯一の力です。社会から捨てられた人々のために働いたアッシジのフランチェスコ、ハンセン病の人々のために働いたダミエン神父、アフリカの原始林の保護されていない子どもたちのために働いたアルバート・シュヴァイツァー、イギリスの囚人たちのために働いたジョン・ハワード、更生した街娼たちのために働いたカトリックの修道女などのような人々はみな、世界が断罪し拒絶し軽蔑した人々の中に「神の子」を見いだす宗教の力を証ししたのです。もっとも、宗教それ自体は、適応障害を起こしている人々を効果的に治療するために必要な、人間の動機や人格の機微に関する詳細な知識を提供することができないということは認めざるをえません。人間の性格を本能的に理解する高度な賜物に恵まれている人々のような場合を除けば、宗教が、心理療法の科学に基づく知識や方法を提供することはありません。宗教の洞察は、単刀直入で直接的で、詳細を扱うにはしばしば性急です。時に性急すぎることさえあります。また宗教にはいつも、本来そうあるべきであるにもかかわらず、科学から手法を取り入れる姿勢もありません。しかし、高度な宗教が持つさまざまな洞察を、科学がもたらす知識と結合させることは不可能ではありません。

現代の宗教はしばしば、愛に対する宗教的な強調と、超越的な価値を備えている人格に対する宗教的な評価を、古典的宗教それ自体ではなくロマン主義運動に多く由来する感傷主義を用いて批難してきました。というのは、古典的宗教にはいつも人間の本性に対する逆説的な態度があるからです。人間は、神の子であるとともに罪びとでもあります。人間を愛する神は人間の罪を糾弾します。なぜなら、真正な宗教の洞察では、神は、愛する存在であるだけでなく聖なる存在でもあるからです。神は、人間の同伴者であるだけでなく、人間がそれに向かって努力する目標でもあります。神の聖なる性質と比べて、人間は不十分で、自らを「役に立たない僕」〔マタイ二五・三〇〕と見なします。神は、人間の「正しい行いは、ことごとく汚れた衣のようである」〔イザヤ六四・六〕と見なします。人間は兄弟たちを愛すべきですが、それは、神の目からすれば、兄弟たちが自分と同じ程度に良い存在だからではなく、自分ほど悪くはない存在だからです。「すべての人は罪を犯したため、神の栄光を受けられなくなって」いる〔ローマ三・二三〕のです。真の宗教は、愛だけでなく謙虚さをも生み出します。愛は悔い改めの精神からも派生します。われわれは、自分たちに悪を働いた者たちを赦さなければなりません。同じ悪がわれわれのうちにもあることを知っているからです。自分に罪があるのであれば、傲慢の石を投げつけることはできません〔「あなたがたの中で罪のない者が、まずこの女に石を投げつけるがよい」（ヨハネ八・七）〕。

古典的宗教における人間の罪深さへのこの強調は、人間の神の似像性への強調と同じ程度に強力でした。罪の強調は、それが最もよく機能したときには、宗教を、近代文化がロマン主義の時代以来陥ってきた感傷主義から守ってきました。ロマン主義に付随していたのは、人間の全的堕落の教義〔人間の罪性を徹底して強調するカルヴァン主義の教理〕への反発による人間の本来的な善性への愚かな強調でした。真の宗教的な精神には人間の本性について幻想はありません。人間の心が罪深いものであることを知っているからです。それゆえ、真の宗教的な精神は、人間の歴史における失望させるような事実に遭遇するとき、感傷主義の頽落した姿である冷笑的《シニカル》な幻滅に屈することはありません。アーヴィング・バビット［一八六五―一九三三。アメリカの批評家］は次のように述べています。

ルソー主義者は、世界があたかも魅惑的な庭園であるかのように歩き始めますが、やがて、避けることのできない理想と現実の衝突に遭遇すると、陰気な苦々しい思いをいだくようになります。人間は、人間がすべて一律に善ではないことがわかってくると、今度は人間がすべて一律に悪であると見なしてしまいます……多くのいわゆる現実主義の根底にあるのは、特殊な形の皮肉《サタイア》、すなわち激しい感情の幻滅が副産物として生み出す皮肉《サタイア》です。(33)

宗教の逆説なしに、一貫性の論理によって不条理へと誤って陥らせてしまうような人間本性の評価から逃れることはきわめて困難です。その評価の考え方によれば、人間は善か悪か、人生は高潔か生きるに値しないか、宇宙は人間の友か敵か、ということになります。しかし、キリスト教の洞察やすべての真の宗教の詩的象徴によれば、人間は最初自らの罪を知って失望へと追い込まれますが、その後、罪があがなわれることが可能であるとの希望によって励まされるようになります。人間は、人生が悲劇的なものであることに気づきますが、同時に生きるに値するものであることも知ります。なぜならかれは悲劇の中に美しさを見るからです。人間は宇宙の中に、神と悪魔、友好的な力と非友好的な力の双方を見つけます。宗教に帰依している人々が全能の存在として礼拝するその神は、「終りの日」〔ヨハネ一二・四八など〕を除けば、悪魔に打ち勝つことができるほど強力ではありません。こうした宗教の逆説にはいつも不条理の要素があります。しかし、賢明な人は、合理的思想の論理的一貫性の強調に騙されて陥る矛盾よりも逆説のほうを選択するでしょう。

人間が神の子であるゆえに愛するに値するという信仰は、宗教の鋭い洞察によってはじめて感傷主義から守られるようになります。今日の最も感傷的な宗教が、この世代がいまも変わらず支持している十九世紀の文化から最も強く影響を受けたリベラルなキリスト教であるということは重要です。人間の本性に対する効果的な宗教的逆説的態度を得るためには、より正統的な宗教か、それともすべての宗教の中で最も現代的な宗教である共産主義か、そのいずれかに向かわなければなりません。共産主義は、人間の生の利己性をきわめて冷笑的《シニカル》に分析することに始まり、新しい社会の建設に邪魔となる社会体制〔資本主義体制〕から「救われる」や否や、人間の社会的連携の可能性へのきわめて楽観的な希望へといたります。古典的宗教とプロレタリア宗教のいずれであれ、その悲観主義と楽観主義の双方にいかなる誤謬が潜んでいようとも、それらは、冷笑主義《シニシズム》を伴わずに現実主義的で、感傷主義に頽落しない、信頼にあふれた社会的態度の一定の基礎となります。

ソーシャルワーカーには宗教の洞察が必要です。それは、責任を負っている人々に対する態度を健全に保つためだけでなく、そこにおけるソーシャルワーカー自身の、生の営みに対する見方と特殊な使命の健全さを維持するためにも必要です。何らかの宗教がなければ、あなたの使命の重要性を確実なものとすることも、あなたがその一部を担っていると考えている健全な道徳的活動を確信することもできません。職業に対する使命感は、それが多少とも強力であるなら、いかなる伝統的宗教にも自覚的に関係していないとしても、つねにある意味で宗教的です。職業に対する使命感が宗教的であるその理由は、人生の目標を選び、その重要性を信じることが純粋な理性の問題としては不可能だからです。競合する目的を合理的に比較考量することはできます。一つの職業が他の職業よりも社会正義の大義に直接貢献するということを合理的な分析によって確信することもできますし、社会正義が、すべての人間がそれに向かって努力すべき一つの目標であると確信することもできます。しかし、その目標が究極的なものであるということを理性によって確信することはできません。煎じ詰めれば理性は道徳的に中立なのです。理性は、もしそれが何らかの道徳的な規準によって支えられているとしたら、そのような規準を用いて、相対的に劣っているさまざまな価値が至高の価値とどのような関係にあるかを明らかにし、求められる目的に到達するために最も効果的な手段を選ぶように促すことはできます。しかしわれわれの究極的な道徳的選択はまったく合理的ではありません。理性が働くことが可能になるのは、理性を超えた一定の前提が定まった後なのです。たとえば、われわれは、自分の生涯の使命が人々を援助して充実した人生を自分のものにすることができるようにすることであると信じることはできます。また、これこそ合理的な道徳的目標であるという幻想のもとで生きることもできます。しかし、そうした確信はそもそも、人生それ自体に価値があることを前提にしなければありえませんし、宗教に源を持つ前提に訴えることなしに、人生の充実がどのようなものであるかを明らかにすることもできません。生の営みには価値があるとの最初の前提はあまりに一般的であるため、その宗教的性格がつねに自覚されるとは限りません。しかし、宗教が、人間が表現しうる人生の価値に対する熱意の度合いに大きな影響を与えていることはきわめて明白です。人生についての宗教的な前提なしに、すべては虚しいという結論から逃れることは容易ではありません。生きる意志も高貴に生きる意志も理性的ではありません。前者は理性以前のものですし、後者は理性を超えているからです。もし、高貴な人生が無私の生活を意味すると確信すべきだとしたら、それもまた宗教的な前提に頼ることになるでしょう。理性は、さまざまな限界の中ででではありますが、無私の生き方を要求することができます。なぜなら、理性は、利己主義を徹底すれば自己破滅にいたるということを明らかにすることができるからです。しかし、すべての人のために捧げる充実した人生を自分のものにする努力を払うべきだということを合理的に証明することはできません。われわれは、ジョージ・ジーン・ネイサン〔一八八二―一九五八。アメリカの劇作批評家〕やかれ以前の冷笑家《シニック》たちとともに、大半の人間はかれらに与えられる配慮に値しない存在だということは信じることができるかもしれません。また、社会の不正に依拠する貴族政治が、平等主義的なデモクラシーでは生み出せないような一定の文化価値を生み出し、そうした価値が、デモクラシーが生み出すことのできるものと幾分か共通するはずだということも信じることができるかもしれません。端的に言えば、われわれの究極的な道徳的選択は理性を超えているのです。そうした道徳的選択は、どの場合でも自覚的に宗教的であるわけでありません。それらは、しばしば、あまりにも無批判に受け入れられ、われわれが生きている集団とあまりにも徹底して共有する世界観の一部となっているため、当然のようにそれらを合理的であると見なすこともできません。しかし、道徳的選択を、その歴史をさかのぼって調べてみれば、それらはいつも、究極的に人生が何であり何であるべきかについての、全体を見渡す宗教的な視点から引き出されているということがわかります。人生において使命感を維持するには無意識の宗教で十分なこともあります。しかし、自覚的な宗教的規律が、われわれの職業に伴う熱意をもっとすばらしく高めることがあることは確かです。ドイツの偉大な宗教社会学者マックス・ヴェーバー［一八六四—一九二〇］は、プロテスタンティズムが、近代の企業家に宗教的な使命感を与えず、古代や中世の世界で働いていたときに持っていた劣等感を打破しなかったとしたら、近代の企業は不可能であったであろうと確信していています。しかしほかならぬこの説明が、宗教的使命感がいかに危険であるかを暴き出すこともあります。コルテス［エルナン・コルテス　一四八五—一五四七。中米の古代アステカ帝国を滅亡させた］とスペインの征服者たちは、スペインとカトリック教会への宗教的な使命感に鼓舞されて、ありえないような勇猛で残酷なことを行いました。宗教的前提は、通常、非常に情緒的であるため自身を批判的に分析しようとはしません。これは宗教的前提に伴う徳であると同時に悪徳でもあります。道徳的な意欲を純化し、道徳的選択をさらに識別力のあるものにするその同じ批判的分析が、それ自体を完璧に破壊することもあるのです。ジョセフ・ウッド・クルーチ氏〔一八九三―一九七〇。アメリカの批評家、コロンビア大学英文学教授〕は、その著『現代の気質』〔一九二九年〕で、それがどのように起こっているかを明らかにしています。

今日の営利的な伝統に逆い、現代の成功のしるしである具体的で即時的な報酬を求めないような職業はいずれであれ、とくに宗教的な支えを必要としています。ソーシャルワークが良い報酬が得られる分野である限り、営利的な動機に促されてその働きに従事することがあることは当然のことでしょう。どの職業にも、営利的な動機と職務の内容による動機との間に葛藤があります。前者の動機は、報酬が絶対的平等主義的標準から判断されるなら、専門職は貧弱な報酬を受けることはないという事実によって強化され、後者の動機は、実際の報酬が、営利的な仕事におけるのと同じ能力が要求することのできる報酬の標準を下回っている限り明らかに効力を持ちます。宗教機関の経済報酬の低さは決定的で、カトリック教会の修道会にいたっては無報酬です。それにもかかわらず、真正な宗教の鼓舞を受けて、今日もなお多くの人々がそこでなされているソーシャルワークに参加しているという事実があります。このことは、人生における営利的な動機に対し職業的動機を強化する点で、宗教がいかに強力であるかを示しています。困っている人々を援助することは、すべての人間の最も自然な衝動である共感によって引き起こされる熱望です。しかし、自然に湧き出る共感が、人生における究極的な価値が愛であるという宗教的確信によって補強されるとき、はじめてすべての感情と同様に不安定で移ろいやすい共感感情は職業の基礎となりうるのです。

ソーシャルワーカーは、自分の仕事が重要でも意味あるものでもないどころか、無駄なことだと考えてしまう誘惑に直面しています。宗教的な衝動は、ソーシャルワーカーを励まして貧しい人々を援助すべきだと確信させるかもしれませんが、それで十分ではありません。かれは、悲観主義と絶望の誘惑に悩まされるでしょう。人間の悲惨さの大海があまりにも広いため、コップでその水を汲み取るという愚かな行為をしているかのように感じることでしょう。しかし、この虚しさの感覚は必ずしも有害でもなければ、信仰によってただちに克服されるべきものでもありません。なぜなら、そのような感覚は、ソーシャルワークの目的を再分析し、社会正義の目的を遂行する伝統的な方法の有効性を吟味することを促すことになるからです。それにもかかわらず、ほとんど完璧な社会戦略でさえ、克服しがたい障害に直面し、すべての解決された問題に対して起こるさらに多くの新しい問題にぶつかり、人間の愚かさや残酷さを見せつけられます。社会的な困窮を生み出す人間の愚かさや残酷さは、人間の無能という大きな溜池から発しています。そのような溜池によって、知的なワーカーたちはいつも絶望させられそうになっているのです。

道徳的な感受性が悲観主義をもたらすのは避けがたいことです。徹底した楽観主義者でいられるのは無神経な人間だけです。同様に社会的知性も悲観主義と結びつきます。無知な人間だけが楽観主義者です。感受性の強い人間は人間の悲惨さの程度がわかりますし、知的な人間は、世界から不正と人間の残酷さが除去される日が来るはずだという多くの希望がいかに失望に終わってきたかを知っています。いかに恐ろしい無気力が、救済的で創造的なあらゆる努力を挫折させ、あるいは挫折させるように見えるかを知っています。一つの社会悪を自覚的に除去すると、その代わりにもう一つの社会悪が無意識のうちに現れるという状況がいかにしばしば起こってきたかを知っています。人間社会が一つの社会的な錯綜を克服することが、結局は技術的な進歩にもう一つの新しい社会的錯綜をつくり出させているにすぎないということを知っています。人間の社会は科学技術を用いて、まるで、負け戦や負けることがわかっている競走をしているかのようです。科学技術は、それを人間の目的に従属可能にするためにあまりにも長い時間を必要とするゆえに、いつも非人道的行為に力を貸すことになってしまっています。

以上のような事実を考慮することは、ソーシャルワーカーに次のようなことについて考えさせることになるでしょう。すなわち、現代社会が、大半のソーシャルワーカーが考えているよりもさらに徹底した再編成を必要としていないかどうか、また、ソーシャルワークの世界で認められている多くの事柄の中に実際に無意味なものがないかどうかということです。この点については、最終章で詳しく述べることにいたします。ここで指摘しておかなければならないことは、最も完璧な社会戦略にさえ、絶対的な視点から見れば無意味に見える要素があるということです。なすに値することで、成就する可能性があるように見えるものはありません。なすに値することで、一つの世代で完成することができるものがないこともちろん確かです。いかなるモーセも、約束の地の外で生涯を終え、ただ信仰の目をとおしてその地を見ることができるにすぎません。宗教は、絶望から生じる希望です。宗教は、徹底した悲観主義に触発されて現れる究極的な楽観主義です。われわれの世代が宗教的でない一つの理由は、あまりに感傷的すぎて、徹底的に悲観主義的になれなかったことです。すべての信仰の砦は底なしの淵の崖際に建てられるのですが、われわれの世代は、その淵を覗き込むことをしてこなかったのです。十九世紀の進歩の概念や二十世紀初めの進化論的な楽観主義のような安易な楽観主義はいずれであれ、ともに宗教的感情の退廃の原因であり結果でした。もし、進歩が自動的であると見なされるなら、進化発展の過程に神を読み込む努力がどれほど熱心になされたとしても、そこに宗教の真の居場所はありません。

宗教的楽観主義、すなわち、何があろうとも善意が勝利し、当面、徳に反する証拠がどのようなものであれ、徳が行きわたり、人間の企てが無意味にならないはずだという感覚は、強力な道徳的活力が必然的に生み出す副産物であるとも言えます。純粋な悲観主義はほろ苦い贅沢であり、その贅沢にふけるのは、歴史の中に生きることよりもむしろ歴史の光景を外から観察することを好む人々です。それはちょうど、純粋な楽観主義が無知と無邪気《ナイーヴ》さと道楽をその特徴とするのと同じです。慎重さと活力の両方を備えて行動する人々は、自分自身の宗教的感情を生み出します。真の革命家で、革命が勝利し理想的な社会秩序をもたらすであろうことを疑う者はおりません。真の預言者はすべて、ライオンが子羊とともに横たわる日〔「おおかみは子羊と共にやどり」（イザヤ一一・六）、「おおかみと小羊とは共に食らい、ししは牛のように」（同六五・二五）等〕を夢見ています。すべての真の宗教にはそれ特有の千年王国的希望があります。それは賢い者には愚かに見えますが、「召された者自身にとっては……神の力、神の知恵」〔Ｉコリント一・二四〕です。伝統的宗教の楽観主義は、何ほどか道徳的に活力があった宗教の時代に生み出されたもので、それによってそれに続く世代が養われた、型にはまった習慣的な楽観主義以外の何物でもありません。祭司は、預言者が生み出した確信や希望を人々に分け与えます。楽観主義を型にはめ込み、自力でそれを生み出すことができない人々がそれを用いることができるようにしてきたこの過程は、宗教的希望の避けることのできない副産物である幻想の要素を増大させているように思われます。それにもかかわらず、この発展には一定の利点があります。ふつうの人間は、それほど活気にあふれて生きることがなく、その内部に命の泉がそれほど純粋に湧き出ることもありません。そのため、そのような人間は、他のもっと生き生きとした活力にあふれた人によって生み出された霊的な資源に多少とも頼ることで、はじめて生の営みに対する健全な態度を維持することができるのです。他の人から力を借りるという試みはすべての制度的宗教のまさに根幹です。この試みが、われわれ自身の努力をすべて止めるようそそのかすというようなことがなければ、それは、真の道徳的力の源となりえます。宗教的希望にはいつも幻想の要素があるとはいえ（［この点で］キリストの復活が十字架のように歴史的に十分に証明されていないということには意味があります）、道徳的霊的に活力のある人間の洞察が生み出す世界観が単なる傍観者の哲学よりも真理であり強力であるということには、信じるに足る十分な理由があります。そうであれば、信仰によって生きることは、非常に勇敢に生きてきた人々から指針を得ることを意味します。しかし、われわれは、何ほどか自分自身の真に勇敢な行為を提供することができなければ、過去の勇敢な行為だけではわれわれの楽観主義が維持されないということを忘れないでしょう。使徒パウロはこう言っています。「もしあなたがたがかれと共に死ななければ、あなたがたはかれと共に支配者となることはできないであろう」［IIテモテ二・一一、一二。訳注4］。

第六章　現代における宗教とソーシャルアクション

現代の生の営みの最も重要な特徴は、現代人が精神的社会的に何を必要としているかという点から見るなら、この文明の科学技術的な性格です。最新の生産と伝達の手段は、いかなる必然的で有機的な関係も、道徳的で宗教的な交りも自覚しないまま、何百万もの人々を経済的な相互依存関係に参画させるような社会をつくり出しています。現代の工場は、何千人もの労働者を一つの共通の仕事に結びつけていますが、従事しているその製造過程に、かれらを相互に人格として関係づけるものは何もありません。もしかれらが、所属する組織や組合をとおして、ある種の道徳的一致を達成するとしたら、それはしばしば、工場の所有者の指示に逆らってなされるものに違いありません。何百という労働者を有無を言わせずに同調させる「生産ライン」が、かれらの間に精神的な結びつきを生み出すことはありません。現代の都市は、工場と同じように人格を無視し、自発性に欠けています。さまざまな高速輸送手段は、ますます多くの人々を都市の中心部へと集めることができるようにしてきました。都市の中心部では、人々は、社会への最低限度の責任感だけで生きています。なぜなら、かれらの市民関係は十分に人格的でなく、現存の行政機構は人々にあまりにも縁遠く感じられるため、共同体に対する責任意識を喚起することができないからです。かれらは、都市生活で、健全さと礼節を維持する市民としての責任を十分に展開することができません。同じ生産手段と交通手段は、こうした人々を、その状況に耐えることができる社会的知性が与えられないままに、経済上緊密な相互依存の中にあることで全世界に結びつけています。要するに、現代の構造は、隣人を見知らぬ人にし、見知らぬ人を隣人としてきました。われわれは、自分の近くにいる人々を知らずに、遠く離れた人々に依存して生きているのです。

さらに、同じ生産とコミュニケーションの手段は、社会の一体性を拡大強化し、経済と社会の力を一極に集中させてきました。現代社会に欠かすことのできない力は経済の力であり所有の力です。経済力はいつも政治力を屈服させ、支配することができます。経済力は、これまでもつねにきわめて恐るべきものでしたが、現代社会では、ますます大きくなり、他のいかなるものよりも大きな不正の源となっています。なぜなら、ごく少数の手に握られている生産過程の私的所有とそれに伴いますます増大する権力の集中化は、無責任を生み出さずにおれないからです。冷笑家《シニック》たちは、人類の歴史を、人間の兄弟愛が文明との戦いに敗北していく歴史として、また人類の間で兄弟愛を維持する難しさがさらに複雑になっていく歴史として安易に解釈することでしょう。農業文明は、多くの点で遊牧文明ほど倫理的ではありません。それは、遊牧民であった時代に獲得した兄弟愛の理想の名において、定住した文明の不正を厳しく批判した〔紀元前〕八世紀のヘブライの預言者たちが興味深く例示していることに明らかです。商業文明は、私的所有による農業文明において生じた力の不均衡に始まる社会の不正をますます大きくし、工業文明は、力の集中に不可避的に伴う社会の不正をさらに大きくしてきました。人間の本性は、純粋に利己的でも純粋に無私でもありません。力の所有は、経済的なものであれ、政治的なものであれ、軍事的なものであれ、人間の利己性の広がりと破壊力をともに増大させがちです。なぜなら、力の所有は、そのような利己性のあらわれに対抗して形成されてきた、自己と社会の抑制力に逆らうものだからです。

現代人は、このような理由から、社会や道徳のさまざまな巨大な問題に直面しています。都市の工業文明における人格を無視した関係が同情の発露を妨げています。同情は、すべての道徳的行動の基盤であって、通常の人間に備わっているものです。都市の工業文明の自発性に欠ける性格は、現代よりも有機的な社会において発展した道徳や文化の伝統を破壊しがちであり、新しい文化の伝統の出現を非常に難しくしています。それゆえ、個々の人格は、規律のない衝動の危機にさらされ、都市生活が増幅させてきた不正に加えて不道徳と犯罪が猛威をふるうことになります。さらに、現代生活の複雑さは、今日も変わらずに存在している道徳的な衝動から自然に生じるものと異なる社会的知性を要求しています。それは、道徳的な善意が変わらず有効に働いているからといって、道徳的な行為を確固たるものにするわけではないからです。現代の文明では、人格の訓練が弱体化し、社会に対する責任が破壊され、経済関係から人格を尊重する性格が奪われ、経済があらゆる種類の規制を無視するまで増大しています。そのような文明の中では、現代人の人格や社会の道徳の水準が、これまでのどの時代の文明よりも低下し、技術の進歩を精神の進歩と単純《ナイーヴ》に取り違えている楽観主義者たちを狼狽させるようになることは驚くにあたりません。

社会科学者やソーシャルワーカーたちは、われわれの文明が複雑で市民的知性を必要としていることに気づいて、むしろ安易に次のような結論を出しがちです。すなわち、現代人が必要としているのは、かれらが供給することができるもの、つまり、人間の同情の領域を増大させる技術であり、複雑な状況で道徳的善意が有効に働くようにする知性であるという結論です。それゆえ、かれらは、宗教が人類の道徳的な進歩の一角を占めているという、宗教によって昔から絶えずなされている主張に難色を示しがちです。かれらの結論がやや早まったものでないかどうかは、のちに検討しようと考えている問いです。まず、社会科学者やソーシャルワーカーによってなされた、現代社会の救済に対する実質的な貢献について見てみましょう。

社会実践家、コミュニティワーカー、セツルメントハウスの指導員、その他、多くのソーシャルワーカーたちは、実際には、失われた隣人性の何ほどかを都市生活に取り戻すすべを開発してきました。かれらは、あまり科学的ではなかった時代の自発的な援助者よりも深い理解を持ち、効果的に人間の必要を満たしています。かれらは、人間の困窮した現場に触れた経験のない人々に、その状況が現実的に感じられるようにする方法を進化させてきました。そのようにして大都市のさまざまな社会福祉機関は、その多様な魅力によって単に社会の緊急な必要を満たすという目的だけでなく、社会に無関心で満足して暮らしている人々を人間的に高めるという目的にも従事しています。かれらは、そのようなことがなかったとしたら、仲間の人々に対しいかなる責任も自覚しなかったでありましょう。適切な社会教育はおそらく、アパート〔現代の高級マンション〕や郊外〔快適な住宅地〕に住むような人々に社会への責任を自覚させることについて、これまでなされてきたよりももっと多くのことを成し遂げることができるでしょう。そうした人々には、何らかの教育的な圧力が加えられることがなければ、自分の町の貧しい人々との自然な関わりの感覚をまったく失ってしまったことでしょう。もちろん、最も効果的な社会教育でさえ、都市生活における非人格的関係というモラルハザードを取り除くことはできませんし、人々の実際の必要を満たすにまったく足りないごくわずかな慈善資金以上のものを提供することさえしていないということは認めざるをえません。このことは、現代社会には、政治の問題としてはじめて解決されうる社会の問題があるということを意味しています。ソーシャルワーカーたちはしばしば、現在の社会経済制度の枠を越えて考えることができません。かれらは、自分たちの活動を、不正な社会秩序の枠内で、人間関係をいくらかでも改善しようとする仕事に限定してしまっています。この事実は、ソーシャルワーカーたちを、すでに批判してきた、社会問題への想像力に欠ける宗教的博愛主義者たちと同じ範疇に位置づけることになります。宗教的な慈善を軽蔑する大半の社会的取り組みは、科学的な達成に基づいているものと自負していますが、所与の社会状況を受容しているということにおいて、実はきわめて非科学的です。そのような取り組みは、貧しい人々のためにいくらかの住宅は建てるでしょうが、私企業制度の枠内では貧しい人々のための十分な住宅供給計画を立てることは不可能だということがわかっていません。すべての現代社会はたとえ徐々にであれ、土地を確保し、貧しい人々が住宅を購入したり借りたりすることができるようにするのは、土地収用権を持ち、低利子で借金することができる国家だけであるということを認識するようにならなければなりません。同様に、失業の恐怖を緩和させようと入念な努力を続けているソーシャルワーカーの中には次のことを理解していない人たちがいます。すなわち、失業の責任を負うことに抵抗する企業に、不承不承の善意ではなく義務として、国が応分の負担を強制的に引き受けさせることがなければ、最も効果的な民間の慈善でさえ失業者の必要を満たすことはできないということです。ソーシャルワーカーは、慈善という贅沢にふけることができるゆえにいつも民間にあってひときわ目立つ慈善活動をする富裕な人々と親密な関係を持つことがあります。それゆえ、自分たちの意に反して保守的な社会哲学を安易に受け入れてしまいかねません。したがって、次のようなソーシャルワーカーこそ、われわれの文明と社会の再調整という大義のために驚異的な奉仕の人となることができるでしょう。すなわち、慈善に資金を提供する階級の社会的見解を受け入れる誘惑に抵抗することができ、現代の社会でわずかな市民だけしか経験できない貧しい人々に関わる社会体験から生まれた、自分の社会的信念を誠実に明言する、そのような人です。社会の不正は、貪欲によってだけでなく、社会的無知によっても生み出されるのです。ソーシャルワーカーがそのことを理解しなければならないだけでなく、われわれの社会全体が、その無頓着さ〔社会体制の問題をよく考えない姿勢〕が人間にもたらす結果を真に理解するなら、いま避けがたいと思われている混沌や大変動を経験することなく、社会正義の確固たる基礎を打ち立てることが可能となるでしょう。そのような理解を持つことは、科学技術文明の人格を無視したさまざまな関係のただ中では不可能です。それゆえ、貧しい人々と接するという、ほとんどの人にはない社会的な経験のある人々には、非常に重い責任が課せられています。そうした人々は、自分たちの経験をできる限り広く知らせなければなりません。コミュニティワーカーは、現時点では、活力にあふれた社会的な見解を持つ人々として認められてはいません。ほとんどのコミュニティワーカーたちは、社会の再調整というもっと適正な方法が必要であることについて同胞に向かって明確に語ることをせず、手元の手段を用いて苦痛を緩和する仕事で自らを満足させています。このように、ソーシャルワークは、慈善を真の社会正義の代わりとして受け入れることにおいて、またその科学的な装いのゆえに、ほとんどの感傷的な宗教的寛大さよりも高く向上することがありません。

社会実践家たちが、工業文明の人格を無視したさまざまな関係のただ中で人間的な共感を生き生きと保とうと努める一方、社会科学者たちは、道徳的善意を導くべき知性の涵養に努めています。そうすることもまた必要な責任です。道徳的善意は、単純な状況で無意識にその立場を表現し、人間の共感は、関係が親密であるときその当面の対象を見いだすことができます。しかし、現在の科学技術時代はその複雑さのゆえに、善意が機敏な知性によって導かれることを求めています。世界を知らない感傷的なアメリカは、ありとあらゆるあいまいな身振りで世界の平和の大義に全力を注いでいますが、［第一次世界大戦の］賠償と戦債について妥協しない態度が、くすぶる戦禍の炎を新しい戦争へと煽っていることを見定めることができていません。内政では、アメリカは失業者を依然として残酷な方法で扱い続けています。「失業手当」が貧困化を引き起こすことを無意識のうちに恐れているからです。また、貧困化の危険は、失業それ自体に内在するのであって、貧しい人々を飢餓から救済する適正な失業手当のうちにあるのではないことがわかっていないからです。われわれは不況を克服するために賃金を削減していますが、大勢の労働者の低い生活水準こそが不況の原因であることを理解していません。われわれは、他国の貿易に対して関税の壁を高く引き上げますが、国際的な経済状況に対する国内の反応が国際的な経済問題を引き起こし、さらにそれに追い打ちをかけていることを見定めておりません。あらゆる場所で、人間の愚かさは、民族的、人種的、階級的な偏見と敵対感情を生み出していますが、それらは科学技術文明の繊細な複雑さの中で恐るべき時代錯誤を引き起こしています。それゆえ、社会科学者やすべての理性の擁護者たちが、現代の科学技術の達成と同等に、社会的知性の涵養が緊急に必要とされていると言うのは、至極もっともな主張です。

それにもかかわらず、道徳的な心情を維持し、それをこのような世界に適切に振り向けていこうとする社会科学者や社会実践家は、宗教的理想主義者たちのそれと大差のない心情と戦略において、ある種の虚しさを露呈しています。宗教的理想主義者たちは、各時代を通じて、社会の不正にたじろぎ、慈善事業を確立することでそれに嫌悪感を表してきました。一方社会科学者たちは、社会正義の基本的な問題である権力の規制の問題を扱うことにおいて、宗教的理想主義者たちとほとんど変わらないほど役に立ちません。権力を無責任に所有することは、それが経済的なものであれ政治的なものであれ、またその力を行使する人物がどれほど知的であろうと、不正を助長するものです。時折、慈悲深い専制君主はいますが、かれらは自ら主張するほど慈悲深いわけではなく、かれらの活動はその意図ほど有益でさえありません。それどころか、かれらの寛大さには、意識するとしないとにかかわらず、隠された動機に促されている部分もあります。というのは多大な利益を得るために貧しい人々に少しだけ譲歩し、慈善事業を権力の誇示の場とし、そのようにして残虐さを隠蔽し、その支配がもたらす悪しき結果を緩和させているからです。これは、中世の荘園領主だけでなく現代の産業専制君主にも当てはまります。否、むしろ後者のほうにもっとよく当てはまります。

金融文明の人格を無視した取り引きの背後に人格性が隠されている場合のように、支配者と被支配者の関係が人格的であるとき、権力は決してそれほど不正なものでもありませんし、その支配はそれほど煩わしいものでもありません。

従来より適正な社会正義を達成するという問題は、純粋に道徳上の事柄ではなく政治的な事柄です。与えられた社会秩序をできるだけ人間的なものにするという責務とは別種の問題です。ということは、社会正義の問題は、単に増大する社会的知性や道徳的善意だけでは解決することができず、ただ搾取する者に搾取される者の力を対置させることによってのみ解決が可能となるような問題であるということです。社会闘争になる前に、社会科学者や宗教的理想主義者がつくり出すことのできる一定程度の社会的知性や道徳的善意はそれ相応の効果をもたらすでありましょう。闘争の過酷さを緩和させることになるからです。その効果のゆえに、途方もない権力を持つ者は、自分たちへの社会的政治的圧力に対し暴力の脅しで応じるよりも、行き詰まった場合には、そうした知性や善意に応じる道を選ぼうとするでしょう。また、そうした知性や善意は、社会正義に向かうさまざまな自発的取り組みを促すとともに、全体の状況に対し重要な教育的影響を与えることになるでしょう。しかしながら、貧しい人々のための住宅供給計画、協同組合工場、失業保険計画といった自発的取り組みを、社会闘争を避けることができる方策として期待してはなりません。非常に知的で道徳的に敏感な特権階級が、それまでより公平な正義を求める運動の経緯に影響を与えるということはあるかもしれませんが、政治闘争の不可避性を取り除くことはできません。前世紀［十九世紀］、ロバート・オウエン［一七七一―一八五八。イギリスの空想社会主義者］が自分の仲間である雇用主に、公正な社会についてのビジョンを植え付けることに失敗したことは、その典型的な例です。それにもかかわらず、オウエンの社会的理想主義が、イギリスにおける階級闘争の性格に何十年にもわたって影響を与えたということも否定できません。大きな社会問題は、つねに、力によって解決される部分もあれば、知性によって解決される部分もあります。しかし、特権階級がその特殊な有利さを自分から放棄するまで待つことによって、権利を奪われた人々が諸権利を回復することを保証できるような知性や理想主義はありません。知的な社会は、力の行使を、実際の暴力に退化させずに政治の領域で機能するような力に限定できるようにすべきですが、力の行使は必要です。政治力の神髄は、まさにそれがつねに一定の道徳的宗教的要素を保持してきたことにあります。ひとたび社会のさまざまな階級の間のあらゆる道徳的信頼と善意が崩壊すると、かれらの間の権力闘争が暴力に行き着くことを避けることはできなくなります。

知的理想主義者や宗教的理想主義者は、現代社会の人間性を維持し向上させようとしてきましたが、おそらくかれらが直面する問題で、正義に関するこの政治問題とどのように折り合いをつけるかということより大きな課題はなかったことでしょう。これまでのところ、知的理想主義者も宗教的理想主義者もどちらもそれを実現することができておりません。双方とも、確立されている社会体制の枠内でのみ、道徳的な理想主義と社会的な善意を表現する傾向の中にありました。それゆえ、かれらが達成してきたことは、偽善を醸し出すものとしていつも絶対的な視点から批判されうることでした。かれらは、時に社会体制それ自体について非常に厳しい批判を浴びせることもありましたが、知性を増進させることや宗教から生み出される善意によるだけで、体制は変革しうるものと素朴《ナイーヴ》に思い込んでおりました。かれらは、政治闘争に尻込みし、社会の不正に向かってますます深く頽落していく文明に対し、社会的知性がもう少し多くありさえすれば文明を苦境から解放できるという印象を与えることで、かえって混乱を悪化させてきました。

社会的理想主義者や宗教的理想主義者の感傷主義と誤謬は、ある程度かれらが属する階級に固有の限界です。かれらの誤謬は、経済力の冷酷な動向を理解しない中産階級の社会的な見通しに関わるものです。なぜなら、中産階級は経済的な権力をふるうことも、それによって苦しめられた経験もないからです。中産階級はつねに政治的には非現実的です。かれらは、集団の中にあって、人間の生の営みが最善の状態を示す、個人と個人の関係に照らして生を見るため、集団間に見られる生の営みの残酷さがわからないのです。重大なことは、かれらが、ちょうど国内の経済関係を扱うのと同じように単純素朴《ナイーヴ》に国際関係を扱っていることです。かれらはいつも、自分たちの個人的な判断が純粋であると自任するその純粋さのように、国家もその動機において純粋になることを願っており、新しい教育プログラムがごく近い将来にそのような状況を実現することに期待を寄せています。

ソーシャルワーカーや宗教家たちが示す限界が中産階級の限界である限り、その限界は容易に克服できるものではありません。社会的な経験に規定されている限界から解放され、それを超越することは容易ではありません。中産階級の理想主義者は、社会の不正を見つけ、現代社会がつくり出す経済力の格差が人間に及ぼす帰結を正しく判断する想像力は持っているかもしれません。しかし、かれは、社会の不正を、実際にそれによって苦しんでいる人々と同じように鋭敏に感じることもなければ、そうした人々が覚えている緊急さに対応する社会哲学や社会戦略を持つこともないでしょう。もし現代文明が労働者のための社会保障を達成できず、労働者を失業の恐怖の中に放置するならば、かれらはやがて、中産階級の理想主義者を震え上がらせるような社会戦略を開発することになるでしょう。多様な社会経験によって引き起こされた基本的な格差を考慮に入れない社会哲学は決して、社会の不正に内在する政治的な問題を現実的に処理することはできません。現実的に処理するとは、恵まれない人々からの要求や圧力にいつでも応じる用意をしておくことを意味します。そうした要求や圧力は、比較的安定した共同体におけるとくに想像力に富んだ人々の予想をさえ超えるかもしれません。

宗教的な機関は、現代生活の政治問題と取り組む際にとくに困難な課題に直面します。宗教の自然な心情は、思いやりと慈善の精神を生み出しますが、政治闘争の現実についてはそれを嫌います。

［中世のような］固定した社会では、愛という宗教精神と正義という政治問題の間に一定程度の調整をつけることは不可能ではありません。たとえば、トマス・アクィナスの社会哲学では、寛大さと愛の精神は正義の体系を包含し、国家によって確立された正義の仕組みには人格的な思いやりの恩寵が加えられています。しかしかれの時代、不平等は認められていましたし、階級間の特権の違いがだれかの良心を傷つけるというようなこともありませんでした。ところがわれわれの時代では、公平としての正義が要求され、必要とされています。すなわち、特権へのまことしやかな弁護を一貫して徹底的に論破する道徳的論理の進歩によって要求されるだけでなく、不平等によって無秩序状態にされている生産過程によっても必要とされています。人間性は決して、完全な正義を主張するほど鋭敏に道徳的ではありません。また、不正に苦しむ者たちは、その状態がともかく我慢できる程度であれば、不正にいら立って絶対的な正義を要求するということは決してありません。工業文明において、平等主義がますます切実な社会哲学になってきているのは、富の分配の不平等が恒常的に生産の仕組み全体を混乱に陥れているからです。社会の不正は経済的な見地からありえないことではなくなっています。もし何百万という労働者に産業の富が十分に配分されなければ、かれらは、産業生産物を消費する購買力に欠けることになります。労働者は、この繁栄の時代にあって産業革命以前の時代の労働者よりも実際には高い水準の生活をしているとしても、その事実が、世界の市場が商品過剰になっている恐るべき不安定の時代からかれらを救い出すわけではありません。

社会正義の問題を歴史上のどの時代におけるよりも焦眉の急とし、現代社会を、公平としての正義と混乱のどちらかに駆り立てているのは、ほかならぬ過剰生産時代の不安定さなのです。

公平としての正義は、政治闘争なしに達成されることはありえません。あらゆる適切な社会倫理が当然使用するはずの、「わたしのもの」と「あなたのもの」を正確に判断すること［列王上三・二六。古代ソロモン王の賢明な裁きの逸話における判断］を好まず、無意識の衝動に頼ってしまう宗教的理想主義は、倫理的政治的問題への取り組みにはとりわけ不器用です。それゆえ、現代の教会はきわめて困難な状況にあり、教会精神が生み出す成果を、偽善と自己欺瞞の堕落から守ることができません。もしキリスト教会の道徳的理想主義が、素朴《ナイーヴ》な慈善以外の何ものも打ち出すことができないとすれば、教会は、現代社会にあっていかなる重要な道徳的威信も維持することはできないでしょう。他方、人格的な思いやりや寛容の育成が望まれないような時代はおそらくありません。非常に極端なロマン主義者だけが、社会の政治的な再編成が社会問題をすべて解決し、貧しい仲間への想像力に富んだ無私の関心を必要としなくなる日が来ることを待ち望んでいます。

もし教会が賢明であるなら、宗教的な理想である愛と政治的な理想である正義との間に生じる葛藤というこの課題を解決することができるかもしれません。教会は、社会的必要の経済的な原因と政治的な原因を精力的に分析することでしょう。それは、当面の必要を満たそうとする者が、それに応じる寛容さえあれば、社会的必要の経済的な原因を取り除く必要はないという幻想に安住することがなくなるためです。たとえば、教会は失業者の世話をするとき、その機会を利用して教会員に失業の基本的な原因を教えるのです。教会は教会員に、権力を行使する人々や、無責任な権力が抑制なしに維持されることを許す、社会に対する権力の危険を自覚させることでしょう。教会は、教会員が、社会を客観的に分析するだけでなく、自分自身をも分析することができるようにさせることでしょう。もし教会がこうしたことを誠実に実行するなら、教会は、思いやりのある人々に対して、同情を表すことには、いつも権力側の主張の要素が付随することを納得させることでしょう。教会は、イエスが気づかれたように、「ありあまる中から」〔マルコ一二・四四〕与える慈善家に、自分は外見ほど寛大ではないということを悟らせることでしょう。このようにして、教会は、すべての慈善行為および事実上すべての道徳的成果の避けることのできない副産物である道徳的自負心を和らげることになるでしょう。

宗教が、現代の社会的不適応の根底にある心理学的経済的問題と厳密に取り組むべきでないという理由はありません。宗教には、社会の状況を分析することが難しいとしても、人間の貪欲や利己性を心理学的に分析することは難しくないはずです。活力ある宗教はつねに、人間の心の動機について機敏な洞察を加えてきました。そのような宗教は、感傷的な観察者が宗教者の無私の姿に感銘を受けているときでさえ、人間は利己的であると主張してきました。したがって、宗教は、慈善に表れる動機と現実的に取り組み、高貴なことと不道徳なことを区別することができるはずです。もし、現代の宗教が、あらゆる慈善的な振る舞いをキリスト教精神を表す究極の言葉として受け入れることにおいて極端に感傷的であるとしたら、その原因の一部は、宗教が現代文化に蔓延している感傷主義を吸収してしまっていることにあります。真の宗教は愛と謙遜を刺激し、その謙遜は、自分が無私であると思い込むことから無私な人間を保護します。もし人が真に宗教的であるなら、その人は、過去についての洞察と自分自身についての知識に促されて、寛大な行為の中でいかに利己性がいつも無私性と混合しているかを悟ることでしょう。真に宗教的な人は、だれよりも自分自身をよく知る人です。かれは、深く内省することに習熟しています。しかも、かれが内省の課題に向かう際の原則は完全の域を反映するような基準です。かれは自身が神の聖に達していないと感じています。［ところが］残念なことに、宗教は、道徳的謙遜を生み出すよりも容易に道徳的自負心を助長することに利用されることがありえます。というのは、謙遜を引き起こすのは直接体験する宗教だけだからです。受け売りの宗教は、型にはまった価値を神の意思の究極的な啓示として簡単に正当化してしまいます。教会が真に活力ある宗教を達成するところではどこであれ、特権階級から道徳的自負心を奪うことによって、社会闘争が生み出す憎悪を和らげることができます。道徳的自負心は、特権階級の主たる武器の一つでもあり、政治的に妥協を許さないことの主要な原因でもあります。

最良の宗教には、社会正義の大義に貢献することができるもう一つのことがあります。宗教的理想すなわち歴史の目標と考えられる絶対的なるものは、個人的な理想であるだけでなく社会的な理想でもあります。宗教はつねに神の国を夢見てきました。いつもある種の千年王国を信じてきました。中産階級の極端な個人主義だけが、過去二世紀の間、宗教的なヴィジョンを個人の生の営みの中に狭め、個人の魂の不滅と品性の完成を、宗教的達成努力の唯一の目標としてきました。［しかし］預言者たちの宗教やイエスの福音における宗教には、あがなわれた社会というヴィジョンがあります。公正な社会の達成に必要な政治手段が、いかなる宗教によっても明白に構想されることがなかったということは、大いにありそうなことです。神の介入ということが政治的な観点で頻繁に受け止められることはないとはいえ、社会的な救済が神の介入によってもたらされることがつねに期待されていました。神は、人間を称揚するために人間の怒りを用い、アッシリア人やエジプト人を神の目的の道具に用いるということがありました。もちろん、宗教には、集団生活からではなく、感受性の強い個人の良心から生み出される道徳的理想がありました。とはいえ、それは、理想が集団にも適用されるべきであるということを意味していました。イエスの愛の理想はおそらく、いかなる国家にとっても達成するにはあまりに高すぎます。いかなる国家も、いかなる集団も、イエスの愛の理想のゆえに他者に代わって自らを犠牲にすることはありえないでしょう。個人にとっての完全な理想は、集団間の関係には高すぎるのです。集団はせいぜい、愛ではなく正義に近づこうとするでしょう。しかし、宗教的目標の完全さは、現代の社会的な調整のすべてに対して高度に批判的な態度をとるよう宗教的人間を鼓舞する道具とはなりえますが、それらは神の国には及びません。もし中産階級の宗教があがなわれた社会というヴィジョンを見失い、宗教の純粋に個人的な側面で頭がいっぱいになっていたとしたら、われわれはむしろ、権利を剝奪された人々がそのヴィジョンを回復することのほうに期待をかけるでしょう。現代のプロレタリア主義には、きわめて明白な黙示的ヴィジョンがありますが、同時に古典的な歴史的宗教とは明白に区別されるいくつかの特徴もあります。プロレタリア主義の冷笑主義《シニシズム》はおそらく避けがたいものですが、それは、人間の本性に対する洞察をすべて集団関係に生じる醜悪な事実から引き出し、人間本性の内にある最良のものを見ていないという事実に起因しています。それゆえ、プロレタリア主義は、人間の生の営みに実際に働く道徳的力を過小評価し、残酷な要素を過剰強調しがちです。もし、中産階級の文化や宗教が自らの感傷主義を克服しないとしたら、またかれらが政治的道徳的問題を現実的に扱うことを学ばないとしたら、プロレタリアの宗教におけるこの傾向は、結局その論理の帰結［プロレタリア革命］まで推し進められてしまうことになるでしょう。

プロレタリアの宗教の弱点がどのようなものであれ、そこには間違いなく人間の努力を刺激する公正な社会へのヴィジョンがあり、そのヴィジョンが鼓舞する驚異的な道徳的行動力は、人間というものは宗教的な情熱がなければ高い目標を目指すことはないという事実を証明しています。プロレタリアの宗教には、多様な異なる視点から見れば、良い面もあれば悪い面もあります。しかし、すべての活力ある宗教と同様、プロレタリアの宗教は、合理主義者たちの能力を超える行動力を生み出します。この事実は、現代のほとんど悪魔的ともいえる情熱をいだく共産主義者と典型的な知的リベラルとを比べることによって最もよく明らかとなります。もし新しい社会をつくり上げるべきだとしたら、おそらく、宗教がその手段となることは確かでありましょう。宗教だけが、古いものを打ち壊し、新しいものを建てる力を持っています。新しい創造的な宗教が、古典的宗教が内蔵している価値を決定的に破壊することになるのかどうか、それとも、過去の最良の洞察を自分のものにし、それを利用することを学ぶことになるのかどうか、ということは、プロレタリアの宗教を生んだ現代産業社会の倫理的政治的問題と折り合いをつける古典的宗教の能力に大きく左右されます。

キリスト教の宗教は、個人の生活の中で展開される洞察と、社会の営みに発する洞察とから成っています。個人的な洞察、すなわち人間が精神的孤独の中で、生の営みの永遠的な秘義に対峙し、自分自身の魂の深みを、感謝と悔い改めをもって見つめるときに生じる宗教的感情は、急を要する社会状況に直面し、共同精神を必要上強いられる産業労働者には欠けています。それはちょうど、社会的な宗教の洞察が通常中産階級の宗教に欠けているのと同じです。中産階級に属する人は、強烈な共同生活の喜びも残虐さもそのどちらにも気づくことはありません。かれらは、あまりにも自己満足に浸っているため自らが集団に依拠していることを実感することができず、また、あまりにも快適で安定しているため、ある人間集団が他の人間集団に向かってふるいかねない残酷さを理解することができません。他方、所属する階級と一体化しているプロレタリアは、その階級によってまたそれをとおして達成することがないのであれば、いかなる社会的救済も期待せず、個人的な千年王国ではなく社会的な千年王国を夢見、中産階級の良心には法外と見える倫理を持っています。なぜなら、かれらはそうした倫理を、むしろ集団間の関係と葛藤の恐ろしい現実から引き出しているからです。究極的な真理は、中産階級とプロレタリアのいずれの宗教にもありません。なぜなら、人間はたまたま、個人であるとともに社会集団の一員でもあるからです。将来の工業文明が現代のプロレタリアの手にあることは確かですが、そのプロレタリアが、個人の生の営みに伴う苦悩と秘義から生まれる宗教のさまざまな価値のいずれも評価することができないというようなことになったとしたら、その原因は主として、個々の宗教が自らの社会的任務にそむいてきたことにあるということになるでしょう。

原注

（1）申命記　二四・一九。
（2）出エジプト記　二三・一一。
（3）出エジプト記　二〇・一〇―一一、二三・一二、申命記　五・一三―一五。
（4）申命記　一四・二八―二九、二六・一二―一五。
（5）申命記　二四・一〇―一三。
（6）申命記　二三・一九―二〇。
（7）民数記　九・一四。
（8）Tertullian, *Apologetics,* Chapter 39.［テルトゥリアヌス、鈴木一郎訳『護教論（アポロゲティクス）』教文館、一九八七年、キリスト教教父著作集第14巻、テルトゥリアヌス2、九二頁］
（9）Origin, *Leviticus,* X より。
（10）*Vita Cypriani,* 三世紀頃。
（11）*Ibid.*
（12）Clement, *Paedagogus* ii, I; iii 4/7i.
（13）コリント人への第一の手紙　一一・二〇―三四。
（14）G. Uhlhorn, *Christian Charity in the Ancient Church.* Book II, Chapter V, p. 189.
（15）*Ibid.*, Book III, Chapter III, p. 275.
（16）*Ibid.*, Book III, Chapter III, p. 281.
（17）W. E. H. Lecky, *History of European Morals,* Vol. II, p. 237 を参照。

（18）J. von Döllinger, *Die Reformation*, p. 323 より引用。
（19）Lecky, *History of European Morals*, Vol. II, pp. 66f も参照。
（20）B.K. Gray, *A History of English Philanthropy: From the Dissolution of the Monasteries to the Taking of the First Census*, p. 96 より引用。
（21）G. Uhlhorn, *Christian Charity in the Ancient Church*, p. 121 より引用。
（22）*Ibid.*, p. 121.
（23）K. E. Kirk, *The Vision of God*, p. 131 より引用。
（24）B. K. Gray, *A History of English Philanthropy*, p. 208 より引用。
（25）*Ibid.*, p. 76.
（26）Beatrice Hinkle, *The Recreating of the Individual*, p. 424.
（27）Irwin Edman, *The Contemporary and His Soul.*
（28）J. A. Hadfield, *The Psychology of Power*, pp. 50-52.
（29）*Ibid.*, p. 52.
（30）マタイによる福音書　七・一二。
（31）T. V. Moore, *Dynamic Psychology*, p. 229.
（32）William James, *Varieties of Religious Experience* より。［*The Varieties of Religious Experience: A Study in Human Nature*（New York: Longmans, Green, and Co., 1920）, p. 337. W・ジェイムズ、桝田啓三郎訳『宗教的経験の諸相』下、岩波文庫、一九七〇年、一二五頁］
（33）Irving Babbitt, *Rousseau and Romanticism*, p. 105.

訳注

（1）これは、オマルの四行詩集『ルーバイヤート』のエドワード・フィッツジェラルドによる英訳からの引用である。ここでは以下を参照して訳出した。エドワード・フィッツジェラルド英訳、秋國忠教訳『新釈ルーバイヤート』開拓社、一九九六年、一九六頁。

（2）シェイクスピア、高松雄一訳『ソネット集』岩波文庫、一九八六年、一三二頁。

（3）W・ジェイムズ、桝田啓三郎訳『宗教的経験の諸相』下、岩波文庫、一九七〇年、一九頁。原著については原注（32）を参照。

（4）この引用は聖書の表現と、意味は同じであるが、異なっている。口語訳では以下のとおりである。「もしわたしたちが、彼と共に死んだなら……彼と共に支配者となるであろう」。

参考文献

第I章

Clement of Alexandria, *Peadegogus.*

Döllinger, Johann J. I. von, *Die Reformation,* Regensburg, 1846.

Lecky, W. E. H., *History of European Morals from Augustus to Charlemagne,* New York, 1929.

Origen, *Leviticum Homilia.*

Tertullian, *Apologiticus.* ［テルトゥリアヌス『護教論』金井寿男訳、水府出版、一九八四年／『護教論（アポロゲティクス）』 鈴木一郎訳、教文館、キリスト教教父著作集第14巻、一九八七年］

Uhlhorn, Gerhard, *Christian Charity in the Ancient Church,* New York, 1883.

Vita Sancti Cypriani, Migne's *Patrologia Latinas.*

第II章

Gary, B. K., *History of English Philanthropy,* London, 1905.

Kirk, Kenneth E., *The Vision of God,* New York, 1931.

Lecky, W. E. H., *History of European Morals from Augustus to Charlemagne,* New York, 1929.

Nelson, Robert, *Address to Persons of Quality and Estate,* 1715.

Uhlhorn, Gerhard, *Christian Charity in the Ancient Church,* New York, 1883.

Troeltsch, Ernst, *The Social Teaching of the Christian Church*. Translated by Olive Wyon, New York, 1931. [*Die Soziallehren der christlichen Kirchen und Gruppen*. 抄訳　E・トレルチ『古代キリスト教の社会教説』高野晃兆、帆苅猛訳、教文館、一九九九年]

第三章

Edman, Irwin, *The Contemporary and His Soul*, New York, 1931.
Hadfield, James A., *The Psychology of Power*, New York, 1923.
Hinkle, Beatrice M., *The Recreating of the Individual*, New York, 1923.

第四章

James, Williams, *Varieties of Religious Experience*, New York, 1902. [邦訳　W・ジェイムズ『宗教的経験の諸相』上・下、桝田啓三郎訳、岩波文庫、一九六九、一九七〇年]
Moore, Thomas Y., *Dynamic Psychology*, Philadelphia, 1926.

第五章

Babbitt, Irving, *Rousseau and Romanticism*, New York, 1930. [邦訳　アーヴィング・バビット『ルーソーと浪漫主義』上・下、崔載瑞訳、改造社、一九三九、一九四〇年／『ルソオとロマンティシズム』葛川篤訳、春秋社、世界大思想全集84、一九三三年]
Krutch, Joseph Wood, *The Modern Temper*, New York, 1929.

解説

ソーシャルワークにおける宗教——ニーバーの視点

髙橋　義文

はじめに

本書は、二十世紀アメリカを代表する神学者ラインホールド・ニーバー（Reinhold Niebuhr 1892-1971 以下、ニーバーと記す）の初期の著作の一つである。ニーバーは、神学者であるばかりでなく、社会倫理学者、政治哲学者でもあり、キリスト教世界のみならず、幅広く社会の諸問題、とりわけ国際関係を含む政治の領域で多く発言した文明評論家であるとともに、実際に、政治の領域を中心に社会に深く関わった実践的活動家でもあった。

とくに、第二次世界大戦後、ヨーロッパへの米国教育使節団やユネスコ総会への米国代表団の一員として活躍、また、国務省の対外政策に実際的影響力を持つ外交問題評議会の会員となり、さらにはトルーマン政権下で、ジョージ・ケナン率いる政策立案室に顧問として参加するなど、戦後アメリカの外交政策に関与した現実主義的思想家であった。また、最近では、バラク・オバマ大統領がニーバーの影響を受けていることが知られるようになり、「オバマの神学者」などとも呼ばれ、あらためてニーバーが注目されている。とはいえ、ニーバーは、時代状況によってその評価が変わるような思想家ではない。ニーバーの思想には普遍的な意義が認められるからである。

ニーバーは、アメリカ中西部ミズーリ州セントルイスの近郊で、ドイツ移民の教会の牧師の子として生まれ、その教派のカレッジおよび神学校を卒業し、イェール大学神学大学院に進んだ。そこでの学びを終えたニーバーは、新興産業都市ミシガン州デトロイトのベセル福音教会に牧師として赴任、十三年にわたって教会での奉仕と幅広い社会活動を行った。一九二八年、アメリカ有数の神学校、ニューヨークのユニオン神学大学院の教授陣に加わり、一九六〇年引退するまでそこを拠点に神学的・政治的活動を展開した。引退後も、その旺盛な執筆活動は一九六〇年代の終わりまで続き、晩年は公民権運動推進やベトナム戦争反対に筆を揮った。

本書は、ニーバーがユニオンに赴任して二年目の一九三〇年に行った講演に基づくものであるが、ニーバーの著書としては三冊目、また、社会福祉に関わる主題の著書としては唯一のものである。しかし、本書は、いわゆる社会福祉の領域それ自体について論じた書ではない。社会福祉（ソーシャルワーク）と宗教（キリスト教）との関係について、宗教（キリスト教）の側からなされた、いわばキリスト教社会倫理的考察の書である。そこにおけるニーバーの関心は、直接的にはソーシャルワークにおける宗教の役割や問題およびそのあるべき姿についての検討といったことである。しかし、その内容は、そうした当面の主題領域を超え、人間と社会全体の根源的な問題における宗教（キリスト教）のあり方の考察にまで及び、時代の問題に鋭く切り込みつつ将来の課題を展望する、小冊ではあるが壮大な視野を持つものである。本書における思索は、ニーバーのその後との関連でいえば、やがて一九三九年のエディンバラ大学でのギフォード講演に結実する「歴史の神学」とでもいうべき神学的立場と、それをふまえた、ニーバー独特のキリスト教現実主義《クリスチャン・リアリズム》へと成熟するその一過程としての意味を持つ書である。

なお、本書出版と同じ年に、ニーバーの著作のうちで最もよく知られている書の一つである『道徳的人間と非道徳的社会』[1]が出版されている。これは、当時の個人主義的で楽観主義的リベラリズムを奉じる宗教的世俗的モラリストたちに対して、個人の問題とは異なる、社会に特有の問題への現実主義的な視点の重要性を訴えた書であり、多くの人々に大きな影響を与えた書である。この書がニーバーを一躍著名人へと押し上げることになった。その内容は、本書の基本的な関心である社会的な諸問題とりわけ第六章の内容に深く重なっている。本書の基本的視座のさらに詳細な背景や議論を知りたいと思われる方には一読をお勧めしたい。

とはいえ、本書に社会福祉学上の固有の意義があることは言うまでもない。それについては、共訳者西川淑子准教授の解説を参考にされたい。

ここでは、ニーバー研究の側から、読者の便宜のために、この書の背景やニーバーの視点について、留意すべきいくばくかのことを記しておくことにする。

1 ニーバーとソーシャルワークとの関わり

ニーバーとソーシャルワーク

本書を見て、ニーバーにこのような主題の著作があることに驚きを覚える向きが、あるいはあるかもしれない。ニーバーといえば、冒頭に挙げたような人物として知られているが、そのニーバーが、社会福祉への関心と実践的な関わりを持ち、しかも、招かれてではあれ、このようなテーマで味わい深い講演をし、それを一書にまとめ公にしていることは、一般にはあまり知られていないと思われるからである。

実際、ニーバー研究の専門家の間でさえ、わずかな例外を除いて、この書に注目しそれを取り上げ論じているものはほとんど見当たらない。その例外もごく短く触れているにすぎず、その場合も社会福祉的な視点は皆無である。(2)

しかし、以下に述べるニーバーの生まれ育った背景や、本書誕生までの経緯を考慮するなら、本書に見られる、ソーシャルワークの分野へのニーバーの関心と知識が相当なものであることに驚くことはないであろう。その背景を簡単に紹介しておこう。

ニーバーの社会福祉活動への関心は、ニーバーが生まれ育ったドイツ移民の教会にさかのぼる。ニーバーは、北米ドイツ福音教会の牧師グスタフ・ニーバーの第四子として生を受けた。その数年後、グスタフはイリノイ州リンカーン（州中央部に位置する小さな町）のセント・ジョン福音教会に招聘され、一九一三年死去するまでその任にとどまった。ニーバーは、この町から同教派のエルマースト・カレッジ（シカゴ郊外）およびイーデン神学校（セントルイス）に赴き、そこで学び、父親の死後、さらなる学びのためにイェール大学神学大学院へと進んだ。

こうして、ニーバーは、人間形成の最も重要な青少年時代を、中西部のただ中のドイツ移民の教会で過ごしたのであるが、この時期にニーバーがドイツ福音教会から受けた重要な影響の一つが、社会に対する強い関心とりわけ熱心な社会福祉活動であった。

そこに見られたのは、本書第一章に触れられている、ドイツにおけるヨハン・H・ヴィヘルンらのいわゆる「インネレ・ミッシオーン」(Innere Mission) と呼ばれた社会福祉活動である。(3) ニーバーの父グスタフがその生涯にわたって一貫して関心を示し、力を注いだのがこの活動であった。福音教会では、グスタフらの努力によって、一八九三年、当時米国内では他に一か所しかなかったという、てんかん患者および知的障害者の施設が設立された。それは、これもニーバーが本書第一章で言及しているドイツの同時代の社会事業家フリードリヒ・フォン・ボーデルシュヴィングによって設立された総合福祉施設の町「ベーテル」[4]に範をとったものであった。グスタフはボーデルシュビングと書簡による交流を持っていたという。

さらにグスタフは、やはりドイツの「ディアコニッセ運動」（女子奉仕活動運動）をモデルとした女性の奉仕活動の推進のために働き、それを指導した。一九〇八年、福音教会に「福音教会女子奉仕活動協会」が設立されたとき、グスタフはその創立者の一人であった。また、エキュメニカルな女子奉仕活動運動にも協力、同じ年、プロテスタント女子奉仕活動会議を主宰し、その議長に選出されている。

こうして、ドイツ福音教会は、米国におけるインネレ・ミッシオーンのパイオニアであり、グスタフはその最初の導入者であった。しかもかれは、この活動に、通常の社会福祉活動のみならず広く社会変革運動をも見ていたと言われる。

福音教会における社会福祉活動におけるもう一人の指導者は、グスタフより一世代若い、ニーバーのイーデン神学校時代の教師サミュエル・プレスであった。かれは、教師になる前ドイツに留学し、のちにハレ大学より聖書学の分野で博士号を得ているが、その留学期間、インネレ・ミッシオーンに関心を持ち、ベーテルをしばしば訪問、ハンブルク、ベルリンといった大学でこの活動の方法についても研究している。プレスは、イーデンでの教師として、多くの神学諸科目を教えるとともに、インネレ・ミッシオーンへの志を捨てず、これもドイツのそれに範をとったセントルイスの福祉施設の設立に参加している。同時に、「社会奉仕」という科目を担当し、ドイツにおけるインネレ・ミッシオーンの理念と活動について講じたり、学生に地域福祉の調査をさせたりした。若いニーバーもこの科目の受講生の一人であった(5)。

以上のように、青年時代のニーバーにとって、社会福祉活動はきわめて身近なものであり、実際にその活動を経験していたのである。そして、この若い日の経験は、イェールでの学びの終了後赴任した、ベセル福音教会での十三年にわたる牧師としての活動にも、その後のユニオン神学大学院での教師としての初期の活動にも影響を与えた。デトロイトでは、いわゆる「社会的福音運動」(十九世紀から二十世紀にかけてアメリカに起こった、キリスト教の社会運動。貧困、不平等、人種、労働、平和等の問題と取り組んだ。)の担い手たちと出会い、交流し、自身その活動に参画する中で、その指導者の一人シャーウッド・エディが設立した「キリスト教社会秩序協会(6)」のデトロイト支部の結成に参加した。その活動には多様なものがあり、平和問題や労働問題との取り組みが主であったが、社会福祉活動も含まれていた。このデトロイトで、アメリカ最初のセツルメント、ハルハウスを設立したジェイン・アダムズと、セツルメント運動の後継者であるソーシャルワーカーたちとの交流が始まった。この交流はニューヨークに移っても、ユニオン神学大学院とソーシャルワーカーたちとの協力の場であったニューヨーク市東一〇六番街のユニオン・セツルメントを指導していた、ユニオンの教授、ゲイロード・ホワイトとの交わりをとおして続けられた(7)。

ニーバーが、ニューヨーク・ソーシャルワーク大学院の講演に招かれることになったのは、かれに以上のような背景があったからである。ニーバーがそれを担当したことは決して特別なことではなかったのである。

ニューヨーク・ソーシャルワーク大学院

ここで、ニーバーが講演したニューヨーク・ソーシャルワーク大学院（The New York School of Social Work）についても述べておこう。

ニューヨーク・ソーシャルワーク大学院は、米国で最も古いソーシャルワーカー教育の歴史を有する学校である。一八九八年、慈善事業組織化協会（Charity Organization Society）のもと、メアリー・E・リッチモンド（一八六一―一九二八）が、ニューヨーク市で始めたソーシャルワーカー養成の夏期講習がその発端である。(8) それは一九〇四年まで続けられ、その年、はじめて大学院レベルの課程を設置し、ニューヨーク・フィランソロピー大学院（New York School of Philanthropy）と称した。一九一七年、ニューヨーク・ソーシャルワーク大学院と改名。一九四〇年、コロンビア大学と提携、その大学の専門職大学院の一つとなり、修士課程を整備した。一九四九年にはコロンビア大学のメインキャンパスに校舎を移し、博士課程を設置、一九五二年に最初の博士号取得者を出した。一九六三年、名称を公式に、コロンビア大学ソーシャルワーク大学院

(Columbia University School of Social Work) とした。

この歴史に照らすと、ニーバーが講演したときのソーシャルワーク大学院は、コロンビアと提携する前であった。ところが、ニーバーの伝記を著したリチャード・W・フォックスとチャールズ・C・ブラウンはともに、このときのニーバーの講演はコロンビア大学でなされたとしている。事実はおそらく、この大学院は当時すでにコロンビア大学の一部と見られるほどコロンビアと緊密な関係にあったということであろう(9)。

ニーバーが講演したとき、この大学院の責任者は序文を記しているポーター・R・リー(一八七九—一九三九)であった。リーは、コーネル大学出身、当時唯一のソーシャルワーカー教育の場であった上述のニューヨーク・フィランソロピー大学院を修了、のちに慈善事業組織化協会事務局長を務め、一九一二年からニューヨーク・ソーシャルワーク大学院の教授となった。また、一九一七年から引退する一九三八年までの長きにわたって院長職を務めた。ソーシャルワーカー教育の草分け的存在の一人であり、「当時のアメリカを代表する社会事業の研究家(10)」であった。ニーバーがこの講演に招かれた理由や経緯は定かではない。しかし、コロンビア大学と道をはさんで向かい側にあるユニオン神学大学院には、上述のホワイトをはじめほかにもこの講演に相応しい人材があったと思われるが、デトロイトでの牧師から同神学大学院の教授陣に加わってわずか二年目のニーバーをあえて起用するにあたっては、ソーシャルワーカーのベテラン教育者リーの着眼と主導権が働いていたと推測して大きな間違いはないであろう。本書の冒頭に掲げられているリー大学院長の序文は、ごく短いものではあるがニーバーの思想の特徴をとらえている味わいのある文章である。たとえば、ニーバーの書が、「文明の装置が機能不全を起こしている、そのようなときに」その姿を現したとする見方など、リーが、ニーバーの思想の本質をいかに的確にとらえていたかがうかがわれるところである。

2 「宗教」という用語

「宗教」という語

本書の原題は『ソーシャルワークに対する宗教の寄与（貢献）』であるが、この書において「宗教」の語が多く使用されていることについて、その特徴と背景について説明をしておく必要があるかと思う。この書における「宗教」を、特定の宗教を念頭に置かない一般的な概念や抽象的な宗教性と受け止めてしまうと、ニーバーの意図を取り損ねるおそれがあるからである。

言うまでもないことであるが、本書では、キリスト教のことを大半「宗教」の語で呼んでいる。言い換えれば、「宗教」の語で表現しているところの多くは、具体的、端的に「キリスト教」の宗教のことなのである（「キリスト教」の語を用いている部分もあるが、多くはない。本書四八、五三―五四、一一六頁など。以下本書について頁のみ記す）。

たとえば、ソーシャルワークと宗教の関係に関する歴史的な考察は、旧約聖書から始まってもっぱらキリスト教世界におけるその歴史をたどることに終始しているし、精神や社会の健全さやソーシャルワーカーの原動力としての宗教については、キリスト教の意義を、宗教に基づく慈善の限界や個人と社会の不適応の原因では、キリスト教の問題を論じている。また、全巻にわたって、論述の随所で主張の裏づけとして効果的に引用されるのは圧倒的に聖書の言葉である。というよりも、本書の主題は明白にソーシャルワークとキリスト教の関係の考察なのである。

もちろん、「宗教」という語が、キリスト教に限らず宗教一般や宗教性を指しているところもある。しかし、そのような場合にも、具体的宗教からまったく離れた宗教性や霊性のことを念頭に置いているわけではない。したがって、一般的に見える宗教の定義やその宗教の内容の説明も、抽象的な宗教現象のことでもなければ、逆に仏教やイスラム教など具体的他宗教のことを念頭に置いたものでももちろんない。

たとえば、ニーバーは、「伝統的な宗教の形式や習慣と無関係」な「健全で活力ある宗教や霊性」が存在することを認めているが、すぐにそれに続けて、「宗教の資源がより自覚的に求められ適用される」なら（つまり、伝統的具体的な宗教であれば）、もっと大きな可能性があろうと述べ、歴史的宗教（キリスト教）の存在の重要性を確認するのである（八〇―八一頁）。もちろんニーバーは、この歴史的宗教ないしキリスト教を、後述するような規準に照らして、容赦なく批判の俎上にも載せている。

しかし、その上で、ニーバーが、キリスト教の宗教には普遍性があり、その特質はある程度他宗教にも共通するものがあるとの確信を持っていたことは確かである。その面では、キリスト教が「宗教」の語を用いて論じられていることに意味がないわけではない。実際、本書の宗教に関する考察には、他の宗教の伝統にも当てはまるところが多くあるであろう。

「宗教」の使用の歴史的背景

それにしても、ニーバーは本書で、なぜ「キリスト教」を表すのに「宗教」の語をこれほど多く用いているのであろうか。

講演の主題に「宗教」の語を用いたことは、おそらくニーバー自身の選択によるものではなかったであろう。それは、ソーシャルワーク大学院からのニーバーへの講演依頼がそのようなタイトルになっていたと推察される。しかし、ニーバーにもそのような用語を用いることに違和感はなかったと思われる。その背景として、以下の三点に留意することが必要である。

一つは、全般的な背景として、当時のアメリカにおける「宗教」の使用状況である。歴史的に、アメリカ（のみならず西欧）では長い間、「宗教」と言えばキリスト教のことであった。もちろん時に応じて、他宗教の存在やいわゆる人間の宗教現象一般のことが考慮に入れられることはあった。しかし実際の生活の中で、キリスト教と宗教が同義で使われることはふつうのことであった。とくにニーバーの初期、こうした状況はごく一般的であった（その傾向は現在のアメリカにも残っている）。したがって、ニューヨーク・ソーシャルワーク大学院も当時の一般的な仕方に沿ってこの表題を用いたと思われる。

二つは、十九世紀に端を発するリベラルな（自由主義的）キリスト教の背景である。ヨーロッパの近代自由主義神学の父フリードリヒ・D・E・シュライアマハーは意識してキリスト教を宗教と表現し、キリスト教信仰を一つの宗教現象と見なそうとした。少し若いが同世代のもう一人の自由主義神学の雄、アルブレヒト・リッチュルは、そのように受け止めた宗教を倫理的価値判断としてとらえていた。十九世紀から二十世紀初頭までのアメリカの神学は、これらの神学の圧倒的影響下にあった。ニーバーが学んでいたイェールの神学的状況もその例にもれなかった。本書にもその影響は残っている。たとえば、聖書の中核的な使信を表すのに用いている、「象徴」、「宗教的象徴」、「宗教的想像力」（四八、四九頁）、「詩的象徴」（八六頁）など、あるいは「宇宙」（八六頁）などの用語はリベラルな神学に典型的な用語や表現である。そうした伝統の中で教育を受けた当時のニーバーにとって、キリスト教を「宗教」の語をもって表記することはごく自然であった。

実際、ニーバーの処女作の表題は、『文明は宗教を必要とするか』（一九二九年）[11]であった。もちろんここでも「宗教」はキリスト教のことである。この書は、十九世紀自由主義神学を色濃く反映したものであり、シュライアマハーやリッチュル的表現も随所に見られるものである。もっとも、当時のニーバーには、そうしたリベラルな神学の影響下にありながらもなおそれを超えた歴史的キリスト教への不変の評価があったことも忘れてならないことではある。

三つは、本書の「宗教」の用語とその使い方に、以上の背景よりもはるかに直接的な影響を与えていると思われるのは、ウィリアム・ジェイムズの思想、とくにかれの著書『宗教的経験の諸相』であるということである。[12] 本書で、ジェイムズのこの書からの直接の引用は二か所にとどまるし、巻末の参考文献では、この書は第四章の参考として挙げられているが、それ以外の場所も含め、本書の各所で展開されている、宗教（キリスト教）の特徴や性格に関する多様で雄弁な定義・分析・評価は、ジェイムズの著書のそれと重なり合うところが多い。その際、ジェイムズは、宗教を決してキリスト教に限定はしていないし、キリスト教と同義で用いているわけではない。とはいえ、そこで考察の対象とされている個人の宗教経験は圧倒的にキリスト教世界のそれである。

ニーバーがイェール時代にジェイムズの影響を強く受けていたことは、かれのイェールにおける二つの学位論文（BD、MA両論文）に明白である。ニーバーは、本書で、そうしたジェイムズの宗教心理学的分析を、倫理学的神学的にキリスト教に適用したのである。したがってそれは、ジェイムズの単なる受け売りではない。ニーバーは、ジェイムズの説明を自家薬籠中の物とするととももに、この時期ニーバーがとくに関心を持って読んだ、十九世紀から二十世紀にかけて活躍したドイツの宗教社会学者マックス・ヴェーバーや神学者エルンスト・トレルチのキリスト教分析も相当加味し、生かしながら、かれ独自の考察を縦横に展開していることは言うまでもない。

以上が、ニーバーが本書で、キリスト教を「宗教」の語で多く表現している背景である。

その後のニーバーにおける「宗教」の使い方

しかし、「宗教」という用語のこうした使い方は、この書のあと間もなくニーバーの中でその姿を消す。それは、アメリカのキリスト教世界の中で徐々にそのような使われ方が少なくなったこともある程度関係しているかもしれないが、それ以上に、ニーバーが神学的リベラリズムから脱却していったことがその主たる理由というべきであろう。そして、後述する、宗教として受け止めたマルクス主義の影響とそれとの格闘の時期（一九三〇年代前半）を経て、ニーバーはあらためてキリスト教をとらえなおすのである。そのニーバーにとって、キリスト教は宗教の一つではなく、「唯一の宗教」、「深遠なる宗教」、「高次の宗教」、「預言者宗教」と表現される独特の宗教として、すなわち、マルクス主義の宗教はもとよりリベラルなキリスト教に対する永続的に有効な修正としての歴史的なキリスト教が確固として姿を現す。そのような動きに呼応するかのように、ニーバーの著作からは、キリスト教と同義で使われる「宗教」の用語は姿を消していく。その傾向は本書のわずか三年後に著された『キリスト教倫理の解釈』[13]にすでに明白になっている。そして、一九三九年になされたギフォード講演に基づくニーバーの主著『人間の本性と運命』では、「宗教」の語がキリスト教を指す例はほとんど無くなっているのである。

しかしこのことは、ニーバーが他宗教に対して閉鎖的になったということを意味するものではない。自らの神学的立場を確固として保つことと、他の価値体系や宗教につねに謙虚に身を開くこととはニーバーの中では矛盾していないからである。それは、『人間の本性と運命』第二巻の「宗教寛容」に関する論議の中に最もよく示されている。[14]他の価値体系に身を開く姿勢を堅持することでは、ニーバーは、同時代のキリスト教思想家の中では際立っていたと言ってよい。

同時に、歴史的キリスト教の意義に対するニーバーの評価は、上述のような状況で一九三〇年代半ばに突然現れたものではなく、初期より一貫して思想の根底に変わらず存在していたことにも留意する必要がある。それについては、以下の説明が明らかにするであろう。

（本解説でも、「宗教」の語については、以下、ニーバーの使い方に沿って用いることとする。）

3　宗教の意義と問題

本書では、ニーバーは、ソーシャルワークとの関係において、宗教について、その意義と問題の両面を視野に置きながら議論を進めている。ニーバーはそれらをどのようにとらえ、主張しているのであろうか。宗教の意義については、第三章と第五章が、宗教の問題点については第二章と第四章が、それぞれ特に集中して扱っているが、その内容を簡単に整理しておこう。

宗教の意義――一般的意義

ニーバーは、さまざまな形で宗教の意義を主張しているが、その内容は、まず第三章によれば、一応次のように整理できるであろう。

第一に、宗教は何よりも「個人の生の営みにおける秩序と統一の力」である。それは、理想的には、「神の意志として受け止められる至高の価値への生の傾倒」において実現するものである。キリスト教では当然キリストがその究極的象徴である。とくにその人格性において、宗教の「統合する力」は強くなる。（四八―五〇頁）

第二に、われわれが通常接する宗教は、「教義や伝統」や「信条」の形をとる歴史的な宗教であるが、それには「無秩序から生の営みを守る」役割がある。そうした伝統的な信条には「予防的な効力」があり、社会的には保守的に働く危険があるものの個人においてはなお「有益な力」でもある。そうした「宗教的遺産」は、合理性の中にある現代の機械的文明において一定の「支柱」を提供しているのである。（四九―五二頁）

第三に、「宗教的回心」ないし「恩寵と赦しの確信」すなわち「至高の存在への依存感覚と、その存在の意志への情緒的な傾倒」には、大きな「治療的価値」があるという点である。また、「さまざまな必要を満たし」ているが、それは、一般に認められるよりもはるかに「現実的」である。（五二―五五頁）

第四に、上述のことに関連することであるが、宗教には「安心の感覚」があり、「楽観主義」を育むという面がある。もちろんそれはロマン主義的幻想に堕する危険はあるが、この宗教的な「治療的価値」もまた大きい。それは、「変えることのできない環境」に対処するための「宗教的戦略」ともなる。またこの点で、宗教はいつも、「失敗が転じて勝利となりうる仕方」について「語るべき言葉」を持っているのである。（五六―六一頁）

第五に、宗教には、「個人の精神的霊的健康」に対する意義だけでなく、「社会の健全さの原動力」としての意義もある。過去、宗教は、「集団の営みを神聖化し、集団間の関係に健全な影響を及ぼし」てきた。それは歴史上しばしば問題も引き起こしてきたが、しかし、宗教は、共同体の「営み全体を高い水準に引き上げ、世俗文化が提供することのできない安定」を与えてきたのである。とくに、その影響は家族生活において顕著である。（六二―六四頁）

以上のように、ニーバーは宗教の一般的意義を確認した上で、ソーシャルワーカーは、家族の中に変わらずに存在している「宗教的力」の「強さ」を知り、それを、危険に瀕している家族に一致をもたらす「救いの力」とすることができると指摘している。（六四頁）

宗教の意義――ソーシャルワーカーにとっての意義

ニーバーは、第五章で、本書の課題に即して、ソーシャルワーカーにとって宗教にはどのような意義があるかについて、さらに具体的に考察している。その際、ニーバーはまず、ソーシャルワーカーには宗教が必要であること、それは一定の宗教性や霊感であっても意味があるが、「宗教の資源がより自覚的に求められ適用される」形態の宗教のほうがさらに有効であるとして以下のように主張する。

宗教は、ある種の心情であり、信念であり、態度です。しかし同時にそれは、われわれに先立つ時代によって精緻なものとされ、完成され、堕落させられ、元気を回復させられてきたある種の規律でもあります。われわれはこの規律に身を捧げ、それが依拠する仮説や前提を吟味し、それが推奨する態度を身につけ、生きている人も亡くなっている人も含めて、歴史的宗教を具現化している高貴な精神の持ち主といまも交わることができるのです。（八〇―八一頁）

「ある種の規律」とはすなわち歴史的宗教であり古典的宗教のことである。ソーシャルワーカーにとってのそのような宗教の具体的意義は以下の点にある。

第一に、人間の平等性である。それは、「人類家族は神の父性のもとに生き、すべての人間は兄弟」であり、「強い者は弱い者の重荷を担」い合うという、人間はすべて平等であるという人間観である。古典的宗教のそのような人間観は、「信頼と善意の態度」をもたらすからである。もっとも、そこには、感傷主義や個人主義に傾くきらいがあり、とくに社会的な問題には対応しきれないことがあるが、そのような「宗教的理想主義」には、「個人的な人間関係の分野」で、「長い勝利の歴史」があることは忘れてはならない。（八一―八三頁）

第二に、宗教によって促され維持される「共感」である。それは、さまざまな障害によって差別されてきた人々の中に「神の子」を見いだす「宗教の力」である。（八三―八四頁）

第三に、古典的宗教のうちにある「人間の本性に対する逆説的な態度」、すなわち、人間を「神の子であるとともに罪びと」であるとする見方である。人間の罪性と同程度に人間のうちにある神への似像性をともに強調する立場である。それはまた、信仰の対象である神概念にも表れる。すなわち、神は人間を愛するとともにその罪を糾弾もする存在であるからである。これは、人間が善か悪かの二者択一による見方ではなく、キリストにおける罪のあがないの希望という宗教の逆説性を示すものである。それは「宗教の鋭い洞察」であって、それによってはじめて感傷主義から守られ

ることになる。（八四—八七頁）

第四に、宗教には、ソーシャルワーカーの「使命の重要性を確実にする」意義がある。「職業に対する使命感」は、「純粋な理性の問題」としてとらえることは不可能であり、「合理的な分析」によって証明できることではないからである。それは理性を超えた宗教によってはじめて確認できることである。そうした人生における使命感を維持するには「無意識の宗教」でも可能ではあるが、「何らかの宗教」とりわけ「自覚的な宗教的規律」すなわち歴史的宗教が必要であり、それが「職業に伴う熱意」をさらに大きく支えるのである。（八七—九二頁）

第五に、宗教の「絶対的な視点」である。それによって、ソーシャルワーカーは、自らの作業の不十分さや欠点を見いだすことができ、感傷主義や安易な楽観主義から守られることになる。また、種々の悲観主義や虚無主義を、その極みにおいて克服する視点でもある。「宗教は、徹底した悲観主義に触発されて現れる究極的な楽観主義」だからである。（九三—九四頁）

第六に、「制度的宗教」の意義である。それは、「型にはまった習慣的な楽観主義」を生み出し、「幻想の要素を増大させ」るなど大きな問題を引き起こしてきたが、「それにもかかわらず」、伝統的宗教において生み出されてきた「霊的資源」に「頼ること」、「他の人から力を借りる」こと、「勇敢に生きてきた人々から指針を得る」ことといったことには価値がある。それは「制度的宗教のまさに根幹」であり、われわれ自身の努力を止めない限り、「真の道徳的力の源」たりうるので

ある。（九五―九六頁）

宗教の問題――宗教的慈善の限界

ニーバーは宗教の意義とともにその問題性をも鋭く指摘している。その具体的な内容はとくに第二章と第四章に明らかである。その要点を確認しておこう。

第二章では、宗教に基づく慈善の限界について論じているが、その根本は、「社会的保守主義」（三二頁）の問題である。宗教は、歴史上、その理想主義を、「より高い正義の名において社会体制を断罪」できるように発展させることができず、ただ、所与の「社会体制の枠内で」、「社会体制の内部にあって」、寛容の精神をつくり出し、慈善活動を行い、愛の観点から生きることにとどまってきたが、それが、宗教的慈善の「限界」となってきた。（三〇頁）

そうした社会的保守主義の原因と考えられるものは以下の点である。

第一は、宗教は、その「絶対なるものについての宗教的感覚」のゆえに、「世界を救済する」という社会的な領域に関して「まったくの悲観主義」に陥ってしまうことである。というのは、宗教は、その宗教感覚によって、「完全な愛と正義が達成される日を夢見る」という終末論的な期待の強さのゆえに、現実の社会状況それ自体の改革にまではしばしば目を向けえなくなるからである。（三〇―三一頁）

第二は、キリストの犠牲の死を自らの「自己犠牲」の模範とし、そのゆえに社会体制の問題を改革するのではなく、むしろその問題に耐え忍ぶことが徳として勧められたことである。そこには「宗教的理想主義の絶対的な性格」のゆえに、社会の問題に、「愛の理想を侵すことなくそれに抵抗するすべ」を知らず、不正に苦しみ続けるという「悲劇的な逆説」が見られることになる。（三二―三三頁）

第三は、宗教に内在する「決定論」である。すなわち、現在の社会形態は、人間の罪のゆえに人間のために「神によって定められたもの」とする考え方である。そこから、たとえば、国家権力がすべて神による権威であるとされる一方、貧富の差もまた神によって定められたものとしたのである。（三四―三七頁）

第四は、宗教は、本来倫理的な行動の結果よりも、「動機」のほうに注目しがちであり、したがって社会状況全体を責任を負って扱うことが困難であることである。宗教的衝動はそのようにしてしばしば感傷的感情に還元されてしまう。これは、マックス・ヴェーバーが指摘した、心情倫理と責任倫理の問題であり、宗教の問題はその心情倫理にあるのである。（三七―三九頁）

第五は、感情に依存する宗教のうちに「体質的に」存在する「個人主義」である。宗教的個人主義は、「社会全体の問題」や「政治問題」、あるいは「正義」の問題を扱うことはない。なぜなら正義は、相克する権利や競合する責任を慎重に計算するところから生じる概念であるが、その正義の最も厳格な型である「平等主義」は、感情に依存する「宗教の中心」から生まれるのではなく、純粋に「知性の所産」であるからである。(三九―四〇頁)

第六は、感傷的で個人主義的な慈善がしばしば「偽善」に堕してしまうことである。それはイエスが指摘された「ありあまる中から[賽銭箱に金を]投げ入れた」金持ちの慈善に通じる偽善、すなわち特権階級の自己満足である。ニーバーは、当時の大不況下のアメリカは「全国規模で自発的な慈善活動からあふれ出る偽善を振る舞われてきました」と強烈な皮肉をぶつけている。それは、そうした慈善は感情に依存し、「頼りにならず不安定で」、機械文明の不適応から生み出される社会的必要を「正当に」扱うことができないと見たからである。(四〇―四二頁)

以上の宗教の社会的保守主義の原因に対して、歴史上それに抵抗し克服する努力を傾けた動きもあった。紀元前八世紀の預言者たちや中世の修道院での活動、また急進派プロテスタントなどがそれである。しかし、ルター派の静寂主義やとりわけカルヴァン主義の決定論の影響を受けている、ニーバーの時代の中産階級の宗教では、社会的保守主義がその「変わらない態度」であった。そこでは、「社会的不適応の原因」の根本を問題とし、それを克服すべき「社会組織再編」に目を向けることはなかったのである。(四三―四六頁)

宗教の問題――不適応の原因

以上のように、宗教的慈善の限界を論じた上で、第四章では、「個人と社会における不適応の原因」としての宗教が考察されている。宗教は、「健全な影響力」を持つとともに、そこには「有害」な面もある。信仰は、「昔からある悪を持続させ、社会的不活発さを増大させ、幻想を生み出し、迷信を維持」し、時には、「道徳的感受性を低劣なレベルにまで低下させ」ることもあるからである。(六五―六六頁)

その具体相は以下の点に見られる。

第一は、「家族と共同体における宗教的忠誠心の敵対させる性格」である。すなわち、所属し帰依する宗教が異なる者の間に引き起こされる軋轢である。とくにそれは家族生活できわめて危険な影響を及ぼす。しかしそれは家族にとどまらない。宗教はしばしば「共同体を分裂させる力」でもあるからである。教派主義や宗派対立によって引き起こされる社会的対立には、歴史上多様な例があり、多くの悲劇をもたらしてきた。(六六―六九頁)

第二は、宗教の「絶対主義」あるいはその「権威主義」である。これが宗教の対立的性格の根底をなすのである。宗教は、「有限な洞察や部分的な視点や目前の状況における限定された忠誠心の背後に、いつも永遠の神の意思を据える」。すなわち、この世界の相対的な事柄を神の権威によって絶対化するのである。言い換えれば「宗教的権威主義」である。そしてそれが社会的な危険をも

たらすことは多くの事例が明らかにしていることである。（六九―七二頁）
第三は、そうした絶対主義や権威主義は、「頑迷で想像力に乏しい道徳主義」を生み出すことである。宗教は、本来、相互に罪責を認め合うことを主張するはずであるが、いわゆる「伝統的な敬虔」は、悪しきピューリタニズムにその例が見られるように、しばしば「過剰でバランスに欠けた道徳主義」に堕してしまっている。それは、頑迷な態度においてだけでなく、「想像力に欠け視野を狭める宗教的情熱と社会的に無意味で無害な道徳的規則」においてその姿を現すのである。（七二―七三頁）
第四は、それが高じると「宗教的熱狂主義」が生じてきかねないことである。宗教は理性とは異なり、感情でもある。それは、「崇高な感情」や「高貴な狂気」であることもあるが、「高い道徳性が必要とする冷静な判断を妨げる」こともある。あるいは、視野を狭くし、バランスを失い、全体を見ることができずに「小さな目標に没頭してしまう」こともあるのである。（七三―七六頁）
以上、ニーバーが論じる、宗教の意義と問題の概要を整理してみたが、そこに明らかなニーバーの指摘の根底には、さらに根本的な視点が存在する。それは、宗教的ソーシャルワークへの評価と批判の基準であり、本書におけるニーバーの重要な視点である。以下にそれを見てみよう。

4　宗教への批判と評価とソーシャルワーク

活力ある宗教

本書は、宗教の意義と問題点を論じながら、ソーシャルワークとの関係において宗教はどうあるべきか、宗教との関係においてソーシャルワークはどうあるべきかについて、さまざまな考察を展開している。そうした考察の中で鍵となる言葉は、おそらく「活力ある宗教」（vital religion）という表現であろう。ニーバーは、この「活力ある宗教」という表現に、自らが考えるあるべき「真の宗教」、教会が「達成」すべき「最良の宗教」、あるいはこの時代に最も必要とされる性格を持った宗教のことを込めているからである（四六、五一、五三、六四、八〇、一一二、一一三、一一六頁など）。

本書の全体を見れば、ニーバーは、この「活力ある宗教」を基礎視角に据えて過去と現在のさまざまな形態のソーシャルワークとそれを担う人々の考え方や意識とその基礎になっている宗教を検討し、批判と評価を加え、将来のあるべき方向を模索していると言ってもよい。その性格はどのようなものなのだろうか。

すでに確認したように、ニーバーは決して、社会福祉の領域における宗教の積極的な面だけを語ることをしていない。ソーシャルワークにおける宗教の役割の意義や価値とともに、それに対する鋭く厳しい批判も展開しているからである。しかもそのニーバーの議論の仕方はきわめて弁証法的である。ニーバーによれば、宗教はソーシャルワークの価値ある源泉でもあるが、同時にそこには大きな限界もある。それどころか、時には害にさえなっている。宗教の価値ある特徴が場合によっては欠点ともなりえ、それにもかかわらずそこにはなお継続的な意義もあるということである。そこには批判の眼と評価の眼が時に複雑微妙に混ざり合う。それはニーバーの魅力ではあるが、わかりにくさともなる。そこで、とくに以下の、おそらく本書の大事なポイントを見誤ることのないようにしたい。それは、ニーバーがこの書で批判する宗教と評価する宗教それぞれのタイプはどのようなものかという点である。

ニーバーが批判する宗教のタイプ

ニーバーが批判する宗教は、すでに述べた宗教の問題点が明らかにしているが、その根底にあるのは、理想主義、ロマン主義、楽観主義、個人主義、主観主義、合理主義、伝統主義、信条主義、社会的保守主義、自己満足的感傷主義などによって強く色づけられ、それに過剰に依拠し、偏向しているタイプの宗教である（三一―三四、四二―四三、八二、八三、九四、一〇五頁など）。そのような宗教としてニーバーの念頭にあるのは、歴史的キリスト教が堕落した姿であり、とくに十九世紀以来の伝統に流れているリベラルな（自由主義的）キリスト教（八七頁）であり、中産階級に蔓延している宗教（四四―四六、一〇八―一〇九頁）でもある。

したがって、ニーバーが徹底して疑惑の目を向け批判したのは、そのような特徴を有する宗教が、多かれ少なかれ、その基礎となり、あるいはその中に忍び込んでいる限りにおいてのソーシャルワークである。しかもニーバーは、あからさまな影響は言うに及ばず、隠れた形の影響に対しても、それを見逃すことなく完膚なきまでに暴き出し批判した。これがニーバーの批判の重要な視点である。

ニーバーが評価する宗教のタイプ

それに対し、「活力ある宗教」と表現される、ニーバーが真正な宗教と見なす宗教はどのようなものなのだろうか。言うまでもなく、上に挙げたリベラルな宗教の問題点が克服された宗教である。それは、人間生来の「道徳的なうぬぼれを打ち壊す謙遜と悔い改めの感覚」（六二頁）と、「複雑な社会関係をとおして道徳を導くために必要とされる賢明な社会的知性」（六三頁）とが結びついている宗教である。すなわち、人間と社会の悲惨な現実を直視し、社会の全体とそのあるべき姿を視野に入れる高度な社会性を持ち、理性にのみ頼る合理主義や形骸化した信条や伝統ではなく、生き生きとした情熱にあふれた、それでいて自己満足や感傷に陥ることのない冷静な眼を持った宗教である。要約して言えば、現実主義的な眼を持った社会性と、社会の構造の変革と取り組む情熱である。

キリスト教の社会性については、本書の締めくくり部分で、本書の基本的な主張をまとめるようにして集中的にそのことを指摘する。そこでは、「あがなわれた社会というヴィジョン」、「社会的救済」、「神の国」、「新しい社会」、「社会の営みに発する洞察」、「社会的な宗教」といった言葉が、聖書の宗教を特徴づけていることについて情熱的に語られる（一一三—一一七頁）。ニーバーにとって、そのような宗教こそ、「最良の宗教」（一一三頁）であり、旧約の預言者たちが示した「預言者たちの宗教」（一一四頁）であり、イエスご自身が示されたあるべき真正な宗教すなわち「イエスの福音における宗教」（同上）である。

以上の視点が、本書全体に流れている基調である。それは、宗教とソーシャルワークの関係とその周辺の諸問題をめぐるさまざまな考察の中に、あたかも変奏曲のように本書全巻をとおして息づき、雄弁で洞察に富んだ議論を展開させているのである。この基調ないし規準を見逃すことのないようにしたい。宗教的ないしキリスト教的な慈善や博愛の働きに対するニーバーの評価と批判は、一貫した規準なしになされているわけではないからである。

5 「活力ある宗教」としての共産主義

以上の関連で、注意すべきは、ニーバーが本書で、「活力ある宗教」という表現を共産主義にも適用し、それを「学ぶに値する宗教」として提示している（七七頁）ことである。[15] それはどういうことなのだろうか。

マルクス主義の影響

ニーバーが批判した宗教の問題は、すでに述べたように、当時のアメリカに広く蔓延していた十九世紀以来のキリスト教的リベラリズムを顕著に特徴づけている要素であった。その基本は、人間の可能性に信頼し、社会は教育によって改良可能だと考える進歩の信念と楽観主義である。それには、当時の教会の主流を構成していた中産階級の自己満足的個人主義的生き方も含まれる。キリスト教側で、革新主義の時代のエートスを背景に、一九二〇年代にその最後の光を輝かせた「社会福音運動」はそうした個人主義を克服すべく社会の問題に世間の耳目を喚起する役割を果たした。しかし、ニーバーはその運動に参画しその運動を評価しつつも、なお、この運動の根底にある素朴《ナイーヴ》な楽観主義に徐々に大きな問題を覚えるようになったのである。

本書が出版された一九三〇年代初期は、ニーバーの生涯にとって重要なエポックとなった時代である。それはニーバーがその期間、政治的社会的にとくにラディカルな思想の影響を顕著に受けたからである。言うまでもなくマルクス主義の思想である。それは当時のアメリカ社会の状況と重なり合っていた。一九二九年十月二十四日のいわゆる「暗黒の木曜日」に端を発した経済恐慌はたちまち全国をおおい、数百万から一千万に上る失業者が出、各種労働者の過激なデモやストライキは社会不安を増し、新産業主義の「黄金の二〇年代」は過去に追いやられた。政治の重心は左傾化し、人々の間に社会意識が増大した。

そのようななかで、ニーバーは一九二九年に社会党に入党、すぐにその有力なメンバーとして活動を始めた。本書のもととなる講演がなされた同じ年の一九三〇年八月、ドイツを経てロシアを訪問し、各地を視察したニーバーは、スターリンによる政治的圧力を用いての自由を犠牲にした平等の主張に大きな問題を覚えたが、革命的な努力の「エネルギー」と「活力」には強い印象を受けている。(16) 本書のもととなる講演がなされたのはこのロシア訪問後まもなくのことであった。(17) 翌一九三一年、ニーバーははじめてマルクス主義を肯定的に受け止める論文「社会主義とキリスト教」(18)を発表したが、その姿勢は、本書出版と同じ年である一九三二年出版のもう一つの著書『道徳的人間と非道徳的社会』において明白にそして情熱的に表現されている。その後のニーバーの思想はマルクス主義的色彩を増していく。しかし、その期間はごく短いものであった。一九三六年冬には、資本主義社会の崩壊と新しい社会への突破の可能性ではなく、現在のリベラル・デモクラシー体制の将来的可能性を訴えるようになるからである。一般的に言って、ニーバーがいわゆるマルクス主義的立場から公式に離れたとされるのは、その共産党支配に反対して「大学教員組合」を脱退した一九三九年のことである。翌一九四〇年、社会党をも離れて、ローズヴェルトの三選に票を投じることによって、マルクス主義との距離を決定的なものにし、以後ニューディール政策の有力な支持者となっていくのである。

しかし、ニーバーはマルクス主義に深く傾倒したときでさえ、無批判にそれに同調したことはなかった。そもそもキリスト教神学者であるかれが、無神論的史的唯物論等マルクス主義の根本思想を受け入れるはずはない。したがっていわゆる教条的マルクス主義者などではなかった。そのことを前提とした上で、資本主義社会の内的矛盾と戦う黙示的な階級闘争とそこにおけるプロレタリアの役割について、それを評価しそれに期待したのである。[19]

共産主義の宗教的性格

ニーバーがマルクス主義ないし共産主義を宗教として受け止め性格づけたのは以上のような状況においてであった。ニーバーが、共産主義を宗教と見なす視点についてまとまった形で公にした最初の論文は「共産主義の宗教」（一九三一年[20]）である。それによれば、マルクス主義は、表面的には非宗教的な社会哲学であるが「実際には一つの宗教」である。それは、宗教が、その主張が純粋な合理性を超越しているという最小限の定義で受け止められる限りにおいて、また、それによって生に意味が付与され、生の意味が感知される信仰の行為として受け止められる限りにおいてであった。マルクス主義は、「歴史の弁証法」をいわば神とする、ただ「破局によって進歩と救済を期待する」といった種類の「黙示主義」である。また、階級なき社会という道徳的理想を掲げる「道徳宗教」でもあり、「集団と階級の宗教」である。この論文の前年に本書のもととなる講演をし、この論文の翌年に出版している本書の理解が、まさにそれと同じであるのは当然である。「共産主義は、合理性の限界を超越している限り宗教的です」（五一頁）とあるとおりである。

このような、マルクス主義ないし共産主義を宗教と見なすニーバーの見解は、本書がそうであるように、当初はマルクス主義を高く評価する理由であった。ニーバーはこう主張する。

もし、われわれが、活力ある宗教を特徴づけている非常な興奮と情熱と、どのような創造的なものにも内在する熱狂の危険を伴った創造的に機能する宗教の力を見たいと思うなら、宗教を否定すると声高に主張する分派、すなわち共産主義者たちに目を向けなければなりません。共産主義は……いまの時代に活力を持っているゆえに、学ぶに値する宗教であり、英雄や反逆者たちの過去を回顧する必要のない宗教です（七七頁）。

ここで注意すべきは、ニーバーが共産主義を宗教と見なしそれに学ぶように訴えたのは、あくまでも、宗教的とも見える、あるいは宗教のそれと共通する「活力」と情熱、およびその社会性であるということである。[21] それゆえ、ニーバーは、「学ぶ」ように勧めてはいるが、その宗教に「帰依する」ことを勧めているわけではない。宗教とは呼ぶものの、いわゆる伝統的な意味での宗教ではない。その上で、そこに見られる「熱狂の危険」を犯してでも、なおその「創造的に機能する」側面のほうに期待したのである。

以上は、『道徳的人間と非道徳的社会』と軌を一にする主張である。ニーバーはこの書でも、とくにプロレタリアの役割に注目し、プロレタリアの「運命の劇的で、ある程度宗教的な解釈」に魅せられていた。ニーバーは、プロレタリアには「狂信的」になり「幻想的」になる危険があることを冷静に見ていたが、当時の行き詰まった社会にあって、それを突破し新しい社会を建設するためには、あえてプロレタリアの「活力」のほうに賭けるべきだと主張しているのである。[22]

マルクス主義への批判とその克服

ところがまもなく、ニーバーは、マルクス主義ないし共産主義を宗教として性格づけたこの視点を、次第にそれらへの批判の梃子に変えていくことになる。一時は期待したその活力それ自体は、悪しき熱狂主義へと傾き、ニーバーはそこに深刻な危険を見ざるをえなくなった。そして、その「活力ある宗教」を、「不十分な宗教」、「悪しき宗教」、「偽りの宗教」と見なすようになる。それは、ひとたびは現実的な修正と見られたマルクス主義ないし共産主義は、結局のところ「ロマン主義的空想主義」であることに気づかされたことと、ソヴィエト・ロシアの政治に「政治史上最悪の残虐と暴虐」の危険を見たからであった。[23] 前者は、本書が一貫してそれを問題にしていたタイプの宗教すなわちリベラルなキリスト教と結局同じであったということである。[24]

このようなマルクス主義ないし共産主義の宗教に対して、ニーバーはあらためて歴史的キリスト教の洞察に眼を向け、その深みを探求し、その究極的な妥当性を見いだしていく。ニーバーにとって、リベラリズムを克服した真正のキリスト教こそ、言わば真の「活力ある宗教」なのである。

以上が、本書で、共産主義を「活力ある宗教」と表現し評価したその背景である。本書は、ニーバーがマルクス主義の影響を深く受けたときに書かれた。それゆえに、本書では、その宗教を高く評価し、それに学ぶように訴え、今後の社会の改変は、その宗教的情熱によってなされるとの見通しを表明していた。しかし、上に述べたように、ニーバーは、その最も深くマルクス主義にコミットしたときでさえ、マルクス主義の問題点をきわめて先鋭にとらえていた。本書にもそのことはよく出ている。共産主義には冷笑主義《シニシズム》が付随すること、人間を正しく均衡をとって理解していないことなどが明確に指摘されているからである（一一五頁）。その上で、その「活力」には、学ぶところ大だと考えたのである。

歴史的キリスト教の変革

ところが、本書はそこでとどまっていない。そこにはニーバーのさらなる真の意図が暗示されているからである。すなわち、ニーバーが、キリスト教の楽観主義と非社会性を繰り返し批判し、それに共産主義の宗教的活力への期待を対峙させるとき、その背後にあるのは、キリスト教が、その中産階級的楽観主義や個人主義的感傷主義を打ち破って、現実の問題をあるがままにとらえて社会の改革に向かう強い情熱を持った真に「活力ある宗教」へと変革を遂げていくことへの願いである。それは、言わば、キリスト教が社会の変革をすることができなければ、共産主義がそれをするであろうという、言わば、「もしこの人たちが黙れば、石が叫ぶであろう」（ルカ一九・四〇）というイエスのアイロニカルな警告に通じるものである。事実、ニーバーはこう述べている。

もし、中産階級の文化や宗教が自らの感傷性を克服しないとしたら、またかれらが政治的道徳的問題を現実的に扱うことを学ばないとしたら、プロレタリアの宗教……は、結局その論理の帰結〔プロレタリア革命〕まで推し進められてしまうことになるでしょう（一一五頁）。

その帰結、とりわけその暴力的帰結がニーバーの願うところでないことは言うまでもない。したがってニーバーの究極的な期待は、プロレタリアの宗教にあるのではなく（一一七頁）、歴史的キリスト教の変革にこそある。そして、そのようになるかどうかは、歴史的ないし古典的キリスト教の自己改革にかかっているのである。次のように言われているとおりである。

新しい創造的宗教が、古典的宗教が内蔵している価値を決定的に破壊することになるのかどうか、それとも、過去の最良の洞察を自分のものにし、それを利用することを学ぶことになるのかどうか、ということは、プロレタリアの宗教を生んだ現代産業社会の倫理的政治的問題と折り合いをつける古典的宗教の能力に大きく左右されます（一一六頁）。

しかし、ここでもう一点、注意する必要がある。それは、ニーバーが、共産主義の宗教的活力への期待を表明するとき、それは必ずしも歴史的古典的キリスト教を放棄することを意味しているのではないということである。ニーバーは、共産主義の宗教と古典的キリスト教とが、それぞれの欠点を補いつつ協力し合う可能性をも視野に置いていると見てよい。ニーバーにおいて、それらは、以下の文章が示唆しているように、少なくとも二者択一の事柄ではないのである。

古典的宗教とプロレタリア宗教のいずれであれ、その悲観主義と楽観主義の双方にいかなる誤謬が潜んでいようとも、それらは、冷笑主義《シニシズム》を伴わずに現実主義的で、感傷主義に頽落しない、信頼にあふれた社会的態度の一定の基礎となります（八七頁）。

本書の共産主義に関する主張を理解する際には、以上のような背景があることを踏まえておくことが必要である。

6　ソーシャルワークとソーシャルアクション

社会の再編成への訴え

本書におけるニーバーの究極的な主張は、宗教が、十九世紀以来のリベラルな姿勢を捨てて、紀元前八世紀の預言者たちが訴え、イエスの宗教がそれを深めた、歴史的・古典的キリスト教の精神に本来的に存在したはずの健全な「社会的知性」と社会性の回復と、その視点に支えられた新たなソーシャルワークが必要だということである。それは具体的には、「社会正義」の確立である。

ニーバーはこの書を書いた時代の宗教やそれに基づくソーシャルワークが、依然として理想主義的で、個人主義的で、感傷主義的状況の中にあると見なしていた。しかし、時代は、科学技術による工業化と都市化と情報化の波に翻弄され、経済的大不況による格差社会をすさまじい勢いでつくり出していた。そこでは教会や宗教に基づくソーシャルワークは、感傷的な慈善活動以上にほとんど機能していないとニーバーは考えざるをえなかった。現実に、社会正義は地に堕ちていたからである。その状況を、根本から改変すべきであり、ソーシャルワーカーも宗教者も含む社会全体が、そのわざに邁進すべきだとニーバーは訴えたのである。その訴えは、きわめて厳しく、鋭く、根源的であるとともに、壮大な視野を持つものである。ニーバーの考える改変は、「社会それ自体の経済的な再編成」（二八頁）、「社会組織再編」（四六頁。および一五、九三頁）、「社会の政治的な再編成」（二一一頁）さらには「われわれの文明と社会の再調整」（一〇二頁。および一〇三頁）という「深い問題」（四六頁）また「大義」（一〇二頁）を意味していたからである。

健全な社会的知性の必要

ニーバーは、このことについて、本書の各章の最後の部分で必ずと言ってよいほど触れているが、それを本格的に論じているのは、「現代における宗教とソーシャルアクション」と題された最終章、第六章である。

そこでは、まず、現代社会が、経済的にも政治的にも軍事的にも、「人間の利己性」のあらわれとしての「力の集中」と「力の所有」がその猛威をふるい、不可避的にさまざまな不正が増大し、人格を無視した関係が「同情」の発露を妨げている点が指摘される。それは、過去有機的な社会において発展した「道徳や文化の伝統」破壊し、「新しい文化の伝統の出現」を難しくしているのである。（九八―九九頁）

そこに必要なのは、自然な道徳的な衝動から生まれるのとはまったく異なる新しい「社会的知性」である。それは、しばしば一部の社会科学者やソーシャルワーカーが考える進歩の概念の範疇で理解されるような社会的知性とは根本的に異なるものである。かれらは「適切な社会教育」によって社会の問題が解決されうると考えている。しかし、「最も効果的な社会教育」によってさえも、都市生活における「非人格的関係という モラルハザード」を除去することはできないし、「人々の実際の必要」を満たすこともできない。（九九―一〇一頁）

ニーバーは次のように判断する。

このことは、現代社会には、政治の問題としてはじめて解決されうる社会の問題があるということを意味しています。ソーシャルワーカーたちはしばしば、現在の社会経済制度の枠を超えて考えることができません。かれらは、自分たちの活動を、不正な社会秩序の枠内で、人間関係をいくらかでも改善する仕事に限定してしまっています（一〇一頁）。

こうして、当時のソーシャルワーカーたちは、宗教的慈善を科学的に賢明に行っていると自負するものの、実際には所与の社会状況を受容しているということにおいて、「宗教的博愛主義者」や「宗教的理想主義者」と同じ過ちに陥っているとニーバーは見るのである。

現実主義的視点

したがって重要なのは、「活力にあふれた社会的な見解」を持ち、「社会の再調整というもっと適切な方法」の必要について自覚し、社会に向かって訴えることである。

従来より適正な社会正義を達成するという問題は、純粋に道徳上の事柄ではなく政治的な事柄です。与えられた社会秩序をできるだけ人間的なものにするという責務とは別種の問題です。ということは、社会正義の問題は、単に増大する社会的知性や道徳的善意だけでは解決することができず、ただ搾取する者に搾取される者の力を対置させることによってのみ解決が可能となるような問題であるということです(一〇六頁)。

ここに、きわめて重要なニーバーの見方が現れる。現実主義的な視点である。すなわち、社会正義の問題は道徳問題ではなく政治問題であり、その達成は単なる知性や善意によってはなされず、「社会闘争」（一〇六頁）や「政治闘争」（一〇九頁。他に一一一頁）を避けることはできないという見方である。それは、社会の不正の力に対しては力を対置させて、それに抵抗し、状況を改善し、究極的には解決を目指す仕方である。もし、社会が不正に対して適切な対応をとらなければ、「暴力」に行き着くことも避けられなくなる。しかし、ニーバーは、その闘争が暴力的になることは望んでいない。「知的な社会は、力の行使を、実際の暴力に退化させずに政治の領域で機能するような力に限定できるようにすべき」（一〇七頁）だと考えているからである。それにもかかわらず、「力の行使は必要」（一〇七頁）であり、「公平としての正義は、政治闘争なしに達成されること」はない（一一一頁）とニーバーは確信するのである。

こうした視点は、一部、言うまでもなくマルクス主義の影響によるものであるが、しかしもっぱらそれによるとも言えない。ニーバーは、そうした闘争の原型をむしろ、本書で繰り返し触れている、紀元前八世紀の預言者運動に見ているからである（一〇、一一、四三、九九、一一四頁）。わけても、選民であるイスラエルの社会のさまざまな不正やさらには王侯貴族の横暴さえも、厳しく糾弾してやまなかった預言者アモスはその象徴である（四三頁）。

ニーバーが本書出版と同じ年に世に出した、『道徳的人間と非道徳的社会』は、ニーバーが平和《パシ》主義《フィズム》から現実主義《リアリズム》への移行を表明した記念碑的著作である。そこには、社会関係においては力の要素が無視できないこと、それを踏まえてあるべき社会のあり方を模索し、それに向かって努力をすべきことが、雄弁に主張されている。本書はこの書と前後して世に出たが、そこには、『道徳的人間と非道徳的社会』に勝るとも劣らない形で、現実主義的視点の重要性が力強く訴えられている。そしてそこでは、すでに述べたように、現実主義的視点を強く持っていたとこの時点で判断していた共産主義の活力に期待をしたのである。

これら両書によって打ち出された現実的視点は、やがてさらなる考察が加えられてキリスト教《クリスチャン》・現実主義《リアリズム》として、一九四〇年代以降、円熟したニーバーの政治思想の根底に据えられることになるのである。

ソーシャルアクション

ニーバーは、そうした現実主義的視点を持って社会の諸問題に立ち向かうこと、それも社会の体制そのものの「再編」や「再編成」を求めて行動に起こすこと、その全体を「ソーシャルアクション」と呼んでいる。もっとも、この語は、第六章の表題に出てくるだけで本文にはまったく用いられていない。したがって、ソーシャルアクションが具体的に何を意味するか、その詳細の説明はない。とくにソーシャルワークとソーシャルアクションの関係も本書では必ずしも明確ではない。しかし、ソーシャルワーカーがソーシャルアクションにまで視野を広げ、その意識を持って自らのわざに取り組むことが必要だとされていることは確かである。

ソーシャルアクションについては、今日、厳密に定義された概念として、社会学や社会福祉その他の分野で用いられていることであろう。しかし本書の時代、ニーバーはこれについてどのように考えていたのだろうか。それについて興味深い傍証となるものがある。それは、ニーバーの影響を深く受けた社会倫理学者で社会実践家であるサム・H・フランクリン元東京神学大学教授による『キリスト教社会倫理概説』（一九六四年）[25]である。この書は、その原題が「クリスチャン・ソーシャルアクション」であり、全巻ニーバーの思想や引用が豊富に出てくるニーバーの圧倒的な影響下で書かれたものである。フランクリン教授は、一九三四―三五年にユニオン神学大学院でニーバーに師事して修士課程を終え、その直後一九三六年から、シャーウッド・エディやニーバーらが、ミシシッピー州の小作農のために試みたプロジェクト「デルタ協同農場」[26]の活動に参加した。ニーバーはこの農場の理事長を務めている。したがって、フランクリン教授のこの書は、ニーバーのもとでの学びと実践がもとになっているのである。そこでは、ソーシャルワークとソーシャルアクションが、概念上、以下のように分けられ整理されている。

社会事業［原語でソーシャルワーク］は主として、個人や集団の困窮に、その環境を改善したり創造的に調整したりすることによって応えることを目的としている。これに反して社会実践

［原語でソーシャルアクション］は主として社会構造の変革を問題にする。(27)

この理解は、おそらくニーバーのもとでの学びに基づくものであろう。したがって、これは基本的にニーバーの理解と考えて差し支えないであろう。そしてそれは、フランクリン教授がユニオンで学んだその数年前に出された本書の理解として受け止めて大過ないであろう。

しかしながら、それを受け止めた上で、本書では、ソーシャルワークとソーシャルアクションの関係はフランクリン教授の理解よりもう少し力動的な関係で考えられているようである。すなわち、すでに述べたように、ソーシャルワークはソーシャルアクションを視野に入れ、それとの関係の中でなされるべきであると理解されているようであるからである。さらに言えば、ソーシャルワークとソーシャルアクションは区別されると同時に、前者から後者への動きを意識すべきことが言外に主張されていると言ってよいであろう。それは、かつてニーバーの父グスタフが素朴ながらインネレ・ミッシオーンの諸活動に、通常の社会福祉活動のみならず広く社会変革運動をも見ていた、その視点にも通じることである。

ニーバー自身は、その後の生涯、ソーシャルアクションに、とりわけ政治の分野のそれに、思想的、実践的に関心を向けていくのである。(28)

歴史的キリスト教への期待

ニーバーは、以上のように現実的視点から社会的政治的闘争の不可避性を認め、ソーシャルワークを広くソーシャルアクションの視点で受け止めることを訴えながら、本書の最後の部分で、なお歴史的キリスト教に望みを託している。それは以下の点においてである。

第一は、「もし教会が賢明であるなら、宗教的な理想である愛と政治的な理想である正義との間に生じる葛藤というこの課題を解決することができる」かもしれないという点である。教会は社会に対して、現実的な分析の目を提供し、権力の問題を知らせることができるはずだからである。（一一一―一一二頁）

第二は、宗教は、「現代の社会的不適応の根底にある心理学的経済的問題に厳密に取り組む」ことが可能であるという点である。宗教は、「人間の心の動機」や「人間の貪欲や利己性を心理学的に分析すること」ができるし、真の宗教は、利己性がいかに無私性と絡み合っているかを暴き出すことができるからである。（一一二―一一三頁）

第三は、宗教は、「歴史の目標」を個人的な理想であるだけでなく「社会的な理想」と考えている点である。そこには、「あがなわれた社会というヴィジョン」があり、「社会的救済」への期待がある。この点では、多くの問題があるにもかかわらず、そのあがなわれた社会実現への強い情熱のゆえに、現代のプロレタリアの宗教には期待することができるとしてそれをも評価する。しかし、

「キリスト教の宗教は、個人の生活の中で展開される洞察と、社会の営みに発する洞察とから成っている」ゆえに、「社会正義の大義に貢献することができる」はずなのである。(一一三—一一六頁)
以上を踏まえて、本書は次のような文章で締めくくられている。

究極的な真理は、中産階級とプロレタリア階級のいずれの宗教にもありません。なぜなら、人間はたまたま、個人であるとともに社会集団の一員でもあるからです。将来の工業文明がプロレタリアの手にあることは確かですが、そのプロレタリアが、個人の生の営みに伴う苦悩と秘義から生まれる宗教のさまざまな価値のいずれも評価することができないというようなことになったとしたら、その原因は主として、個々の宗教が自らの社会的任務にそむいてきたことにあるということになるでしょう(一一七頁)。

こうして、本書は、宗教の社会的任務の自覚、具体的には、歴史的キリスト教の社会性の回復にこそ、将来の方向を決める鍵があることを示唆してその議論を閉じるのである。

おわりに

以上、読者の便宜のために、いくつかの点についての背景を説明し、ニーバーの意図の概要をたどってみた。しかしこれは他の多様な読み方を否定するものではない。読者それぞれの立場で本書の主張を受け止め、咀嚼し、それと対話していただくことこそが大切である。

本書は、主題を、キリスト教を念頭において論じているが、すでに述べたように、その議論の本質は、他の宗教的伝統にも当てはまるところが多くあるであろう。

また、原著出版から八十年が経っているが、それにもかかわらず、今日の課題と交わる考察を多く見いだすことができるであろう。社会福祉の分野では、あるいはその時間差ゆえに、ニーバーの指摘がかなりの程度改善されてきているところもあるに違いない。また、わが国の状況は相当異なっているかもしれない。しかし、同時に、ニーバーの洞察が時代を越えて、なお現代の社会福祉の分野で意味を持つ点も多々あるであろう。

この解説では、冒頭に、本書の作業の特質を、「キリスト教社会倫理的考察」と呼んだ。ニーバーの『道徳的人間と非道徳的社会』を訳された大木英夫教授は、その「訳者あとがき」に次のように書いておられるが、その内容はそのまま本書にも当てはまることである。

〔『道徳的人間と非道徳的社会』〕には、マックス・ヴェーバーの〈心情倫理〉と〈責任倫理〉の問題と同じ問題領域が開けている。しかし、ニーバーは、驚くべき鋭利な倫理的分析を加えつつ、その問題点においてヴェーバーを克服する道を切りひらいている。マルクス主義的階級意識を決定的にとりいれつつ、それをも倫理的批判の火で精錬しなおし、マルクス主義を批判的に生かそうとするのである。〈社会倫理学的批判〉、これはすべての思想が実践へと展開されるその中間で試みられねばならない作業過程である。それが欠落していることによって、思想がめざす結実にいたらず、かえって不毛や破壊を結果するのである。(29)

社会の諸問題との取り組みを社会倫理学的批判の火で精錬しなおすこと——本書を読んで考えさせられるのは、今日におけるその作業の必要性と緊急性である。

注

(1) ラインホールド・ニーバー『道徳的人間と非道徳的社会——倫理学と政治学の研究』大木英夫訳、現代キリスト教思想叢書8、白水社、一九七四年。のちに「白水社イデー選書」の一冊として再版された（一九九八年）。

（2）　これまでニーバー研究を主題とした文献は単行本としては数十冊を数えるが、筆者の知る限り、本書に触れているのは以下の四冊にとどまる。いずれも本格的な扱いではない。Dennis P. McCann, *Christian Realism and Liberation Theology: Practical Theologies in Creative Conflict*（Maryknoll, NY: Orbis Books, 1981), pp. 28, 29／Richard W. Fox, *Reinhold Niebuhr: A Biography, with A New Introduction and Afterword* [New Edition]（Ithaca and London: Cornell University Press, 1996), p. 134／チャールズ・C・ブラウン『ニーバーとその時代——ラインホールド・ニーバーの預言者的役割とその遺産』高橋義文訳（聖学院大学出版会、二〇〇四年）、八四—八五頁／Martin Halliwell, *The Constant Dialogue: Reinhold Niebuhr and American Intellectual Culture*,（Lanham, Boulder, New York, Toronto, Oxford: Rowman & Littlefield Publishers, Inc., 2005), pp. 48-49。以上のうち、もっとも詳しいのはMcCannであるが、社会福祉の視点から触れているものではない。なお、本書出版の翌年以下のような書評が出ているが、現在のところ入手することはできていない。Ernest F. Johnson, "Religion and Social Work," *The World Tomorrow*, 16, 9（March 1, 1933), 213; Shirley J. Case, "Religion and Social Morals," *Journal of Religion*, 13, no. 3（July 1933), 359-361.

（3）　インネレ・ミッシオーン（Innere Mission）とは、「外国伝道」（Aussere Mission）に対する「国内伝道」の意である（長く「内国伝道」と訳されてきたが、ややこなれない訳語であり、また「国内伝道」と訳してみても、内実と合致しないので、ここではカタカナで表記しておく）。この運動の父と呼ばれたヴィヘルン（原音はヴィーヒャーン）は、一八三〇年代、キリスト教国ドイツ内に真の伝道すなわち愛の行為とりわけ社会的な愛の行為としての伝道が必要だと考えた。そしてそれを、見捨てられた子どもたちのための施設「ラウエル・ハウス」の設立、ペスト発生に伴う数千の孤児の救済をはじめとする社会福祉活動によって表現した。かれは、キリスト教信仰から出る「社会性」によって「社会の革新」を目指す働きをインネレ・ミッシオーンと呼んだのである。北村次一『ヴィヘルンと留岡幸助――キリスト教社会改革史』（法律文化社、一九八六年）を参照。

（4）総合福祉施設の町「ベーテル」は一八六七年設立された。インネレ・ミッシオーン地区委員会の発議を契機にして創設されたてんかん患者の施設から始まり、ボーデルシュビング父子が総合的な医療・福祉施設として拡充、それに神学校等を設置し、ビーレフェルト市の一角ベーテルを医療福祉の町にした。一九二一年以降、正式名称は「フォン・ボーデルシュビング総合医療・福祉施設ベーテル」である。橋本孝『福祉の町ベーテル――ヒトラーから障害者を守った牧師父子の物語』（西村書店、二〇〇六年）および橋本孝『奇跡の医療・福祉の町ベーテル――心の豊かさを求めて』（西村書店、二〇〇九年）を参照。

（5）以上、北米ドイツ福音教会におけるインネレ・ミッシオーン活動に関する部分は、以下の拙著によった。高橋義文『ラインホールド・ニーバーの歴史神学――ニーバー神学の形成・諸相・本質の研究』（聖学院大学出版会、一九九三年）、六〇―六二頁。高橋義文「ニーバーと恩師サムエル・D・プレス」『形成』258・259号（一九九二年六・七月）、二九―三六頁。

（6）「キリスト教社会秩序協会」（Fellowship of Christian Social Order）は、一九二一年設立、平和主義を基礎に広範な活動を行ったが、一九三〇年、「友和会」（Fellowship of Reconciliation）に合流。ニーバーは、のちに友和会の議長を務めたが、一九三三年、その絶対平和主義に反対してそこを離脱している。

（7）ブラウン『ニーバーとその時代』八四頁。ホワイトは、ニーバーがユニオンで最初に得た教授席「ダッジ応用キリスト教」（W. Dodge Applied Christianity）の前任者であったが、これは元来社会福音推進のために寄付された席であった（高橋『ニーバーの歴史神学』一六頁を参照）。なお、ニーバーとアダムズとの交流の詳細については明らかではないが、かの女の勧めで、一九二四年の大統領選で、第三党の候補者R・M・ラフォーレットのデトロイト選挙本部長を務めたことなど、状況からするとかなりの交流があったものと推察される。ちなみに、アダムズは、本書出版の前年一九三一年にノーベル平和賞を受賞している。

（8）西川淑子「宗教とソーシャルワーク――ニーバー著CRSWの考察」『聖学院大学総合研究所紀要』34号（二〇〇五年）、四〇二頁注6。

（9）Fox, *Reinhold Niebuhr*, p. 134 および、ブラウン『ニーバーとその時代』、八四頁。

（10）西川「宗教とソーシャルワーク」、四〇二頁。

（11）Reinhold Niebuhr, *Does Civilization Need Religion? A Study of the Social Resources and Limitations of Religion in Modern Life* (New York: The Macmillan Company, 1927).

（12）ウィリアム・ジェイムズ『宗教的経験の諸相』桝田啓三郎訳、岩波文庫、上一九六九年、下一九七〇年。ハリウェルは、本書には「ジェイムズ的諸概念の豊富な組み合わせ」があると指摘している。Halliwell, *The Constant Dialogue: Reinhold Niebuhr and American Intellectual Culture*, p. 49. を参照。

（13） Reinhold Niebuhr, *An Interpretation of Christian Ethics*（New York : Harper & Brothers, 1935）.

（14） Reinhold Niebuhr, *The Nature and Destiny of Man*, Vol. II : *Human Nature*（Charles Scribner's Sons, 1943）, Chapter 8. を参照。

（15） もっとも、時間的な経緯としては、共産主義を「活力ある宗教」と表現したのが先で、その表現をニーバーが考える真の歴史的キリスト教に適用したのはあとであるということではあろう。しかし、その奥にある論理としては、逆と考えて矛盾はない。

（16） Fox, *Reinhold Niebuhr*, p, 124 および、ブラウン『ニーバーとその時代』、七九頁。

（17） 本書のもととなるニーバーの講演が一九三〇年のいつ頃なされたか、資料としては不明であるが、おそらく八月のロシア訪問後の秋であったであろう。そうだとすると、この講演における共産主義の活力への言及は、ロシアを見聞してきたばかりのきわめて新鮮な指摘であった。

（18） Reinhold Niebuhr, "Socialism and Christianity," *Christian Century*, 48, 33（August 19, 1931）, 1038-1040.

（19） 一九三〇年代のニーバーにおけるマルクス主義の影響とその克服の詳しい経緯については以下を参照されたい。高橋『ニーバーの歴史神学』九四—一二四頁（第三章ニーバー神学の出発　その2—一九三〇年代マルクス主義との取り組み）。

（20） Reinhold Niebuhr, "The Religion of Communism," *The Atlantic Monthly*, 147, 4（April, 1931）, 462-470.

（21） 本書には次のような文章もある。コミュニズムには、「平等主義的な社会という理想があり、その目標のためならいかなる犠牲もいといません」（七八頁）。ここでも社会性と情熱が強調されている。

(22) ニーバー『道徳的人間と非道徳的社会』大木英夫訳（白水社イデー選書、一九九八年）、二八九—二九〇頁。

(23) 高橋『ニーバーの歴史神学』、一一二頁参照。

(24) 以上の、ニーバーによる宗教としてのマルクス主義批判は、マルクス主義批判の中で「もっとも独創的な要素」であるとも言われた。Ronald H. Stone, *Reinhold Niebuhr: Prophet to Politicians* (Nashville and New York : Abingdon Press, 1972), p. 64. を参照。

(25) サム・H・フランクリン『キリスト教社会倫理概説』大木英夫訳（日本基督教団出版局、一九六四年）。フランクリン教授は、一九二九年宣教師として来日し、賀川豊彦に共鳴し、京都で学生伝道に従事、戦後再び来日、東京神学大学で社会倫理の教鞭をとる傍ら、農村伝道と農村教会の建設に尽力した、わが国にゆかりの深い人物である。詳しくは、訳者の大木英夫教授によるこの書の「解説」（三六九—三七〇頁）を参照。

(26) 「デルタ協同農場」は、エディのグループが二千エーカーほどの土地に、経済的に恵まれない小作農を招いて綿花製造協同組合をつくり、南部小作農の生活水準を引き上げる試験的プロジェクトであった。理事長を務めたニーバーは、このプロジェクトを「地主主義を排する一努力」と考えていた。そこに小作農組合に参加したために大規模農園から追放された、黒人と白人の小作農三十家族が入植したが、数年後、種々の問題から経営危機に見舞われ、土地は各人に売却、プロジェクトは中止のやむなきにいたった。ブラウン『ニーバーとその時代』、一一〇—一一一頁参照。

(27) フランクリン『キリスト教社会倫理概説』、二一頁。

(28) ニーバーは、その後も時々ソーシャルアクションの語を用いているが、この語自体を定義ないし説明しているところは見当たらない。表題にその語が用いられたよく知られた論文は以下のものであるが、そこにも、「キリスト教社会倫理」の枢要点は論じられているが、ソーシャルアクションそれ自体の説明はない。Reinhold Niebuhr, "Christina Faith and Social Action," in Reinhold Niebuhr, *Faith and Politics: A Commentary on Religious, Social and Political Thought in a Technological Age*, ed. by Ronald Stone (New York : George Braziller, 1968), pp. 119-137.

(29) ニーバー『道徳的人間と非道徳的社会』大木英夫訳、現代キリスト教思想叢書8（白水社、一九七四年）、四九九頁。

社会福祉の視点から本書を読む

西川　淑子

1　はじめに——本書の今日的意義はどこにあるのか

ラインホールド・ニーバーによって記された本書は、ニューヨーク・ソーシャルワーク大学院での一九三〇年度の講演であり、現代との八十年のタイムラグがある。世俗化が始まろうとしていた頃の社会福祉と現代の国家の政策のもとにある社会福祉とでは状況をまったく異にしている。しかしながら、この書を読み進むうちに、昨今の世界同時不況が一九二九年の世界恐慌時と重なっているのがわかる。たとえば、ニーバーが当時の庶民の暮らしを描いて、「われわれは不況を克服するために賃金を削減していますが、大勢の労働者の低い生活水準こそが不況の原因であることを理解していません」（一〇四頁）、「もし何百万という労働者に産業の富が十分に配分されなければ、かれらは、産業生産物を消費する購買力に欠けることになります。労働者は、この繁栄の時代にあって産業革命以前の時代の労働者よりも実際には高い水準の生活をしているとしても、その事実が、世界の市場が商品過剰になっている恐るべき不安定の時代からかれらを救い出すわけではありません」(一一〇頁)と述べているのは、まさに現代の姿を描き出しているかのようだ。ニーバーはこの時期、マルクス主義に近い考え方をしていたと評されている。(1) しかし、マルクス主義者たちが資本主義経済体制はこうした不況や諸種の社会問題を引き起こすと指摘した以上に、ニーバーはそれが人間関係においても弊害をもたらしていることを警告した。現代の社会も多様な社会的要因の重層の中で、人間の精神破壊が起こっている。

本書は、宗教がソーシャルワークにいかに寄与してきたかを歴史的に考察するとともに、宗教がソーシャルワークに及ぼす負の影響をも併せて語っている。宗教社会福祉を学び、研究し、実践する者はニーバーの視点から、八十年の年月を越えて宗教と社会福祉の関係に示唆を受け、宗教社会福祉の重要性や独自性を考えるヒントを提供されるだろう。また今日の社会福祉職が、労働条件の悪化を引き金に資格制度が意味をなさず、求職者も激減している中で、ソーシャルワーカーの仕事とは何であるか、どこへ向かうべきかを示されるだろう。

社会福祉における宗教は、社会的弱者との対応の中で、偏見や差別を払拭できない人間の弱さを乗り越えさせ、聖書の人間観、たとえば弱者の中に神を見ることや、因果応報的なものの見方から解放された人間観の確立に寄与するものとして多く語られてきた。しかし、ニーバーはそうした精神的な活力だけではなく、ソーシャルアクションに立ち向かう行動的な活力を重視している。たとえば、ソーシャルワーカーが体験した経験を社会に発信していく上で活力を与えるものとして、宗教を据えている。ソーシャルワーカーが仕事の中で出会う人々の状況をできる限り発信していく「ディセント」[2]は、基本的かつ重要なソーシャルワーカーの任務であり課題である。この事柄をすでに八十年前に語っている点に驚嘆する。

なお序文で、ニーバーはソーシャルワークの専門家ではないから脱落や誤解があるかもしれないと述べている。確かにかれのソーシャルワークの概念規定は明確なものではない。博愛事業や慈善事業と宗教機関によるソーシャルワークが分別されていない。しかし、これはニーバーの専門知識の不足だけに帰することはできない。なぜならば、アメリカにおいても一九三〇年代はソーシャルワークの概念規定が未確立であったからである。イギリスでの社会改良の伝統を継受して生活問題の環境改善を行うのか、アメリカで独自の発展を見せた人間関係や社会環境との調整を行うのかに混乱が見られた。ところで本書で、ニーバーの語るソーシャルワークは社会福祉全般をとらえている。ソーシャルワーカーも専門職種としてではなく社会福祉職全般を指している。なお、一般的に社会福祉の歴史的展開から見ると一九三〇年代は「社会福祉」ではなくその前段階の「社会事業」であろう。しかし本解説においては「社会福祉」という用語で統一し表現している[3]。また、筆者は社会福祉の分野を歩んできた者であり、神学の専門家でもニーバー研究の専門家でもない。かつ、本解説は、本書においての考察のもとに記述しており、ニーバーの生涯の思想を網羅したものではないことをお断りしておきたい。

2　宗教社会福祉研究への視座と本書

宗教社会福祉の歴史的、今日的な意義はどこにあるのだろうか。ニーバーの時代とは異なり、第二次世界大戦後アメリカはもとより世界先進諸国において、社会福祉は財源投与の多寡はあるものの国家の政策として営まれるようになった。日本でも憲法二五条の生存権保障に規定された社会福祉は、措置費制度のもとに行われてきた。ところがこのことにより、宗教社会福祉の意義は混迷を極めた。なぜ宗教による社会福祉でなければならないのかを明確な言葉で語れないもどかしさを抱えてきた。戦前より取り組まれてきた宗教者による社会福祉は、宗教法人から社会福祉法人による経営に変更するよう指導され、一旦、社会福祉法人の名で実施されるようになった社会福祉は、宗教色を表すことを禁じられた。憲法八九条は「公金その他の公の財産は、宗教上の組織若しくは団体の使用、便益若しくは維持のため、又は公の支配に属しない慈善、教育若しくは博愛の事業に対し、これを支出し、又はその利用に供してはならない」とうたっている。宗教が先駆的な働きを担ってきた日本の社会福祉実践も、この政教分離の条文解釈によって公費による宗教活動の助成を廃止され、定款に宗教的な要素を含めないように指導が行われ、施設内での伝道や布教が禁止された[4]。しかし、宗教社会福祉事業は民間社会福祉事業であり、その存在は公的社会福祉事業の代替として法定化されたのだから、理念までも放棄する必要はなかった[5]。

戦後六十余年に及ぶ宗教社会福祉の歩みは、ほとんどの宗教性を放棄してしまった。しかしながら、この責任は憲法に帰せられるべきものではない。宗教者からの抵抗はほとんど見られず、宗教は自ら宗教性を放棄した。この場合の宗教性とは、伝道や布教だけを指すのではない。宗教とはわれわれの生活上の苦難をとおしてその時代の課題を顕現させるものである。他の痛みを我が痛みとして受け止める素地として宗教があるとすれば、宗教社会福祉は伝道や布教とともにこうした側面をも放棄してきたのが戦後の歩みではなかったか。今日、宗教社会福祉が宗教性を取り戻すとは、共生をうたいながら、市場原理主義の野放しの横行によって個人の窮状を自己責任化していく社会に対して警告を発し、それを否定する福祉への道を提起していくことではないだろうか。仏教社会福祉研究からの髙石史人氏の言葉を引用すると「『慈悲』の教えを、社会福祉の現実——理論、実践、思想状況——に投じて、その視座から福祉をめぐる諸課題を掘り起こし、提示していく[6]」ような社会福祉実践への関わり方を必要としている。

一方、社会福祉の歴史を見ると、社会福祉は必ずしも弱者の側に立って働いてきたとは言えない。とりわけ、国家政策としての社会福祉は、その対象者を管理し、統治していく働きも担っている。

宗教社会福祉も社会福祉という働きに従事すること自体が、結果的に国家政策に荷担することになった側面があるのは否めない。しかし、宗教社会福祉は宣教であり、使命が先行する。それは管理や統治に対抗する立場を要請されるであろう。ここに宗教社会福祉の重要な働きがあることを忘れてはならない。

ところで、ニーバーはソーシャルワークの働きにおける宗教の重要性を主張して、ソーシャルワーカーには「何らかの宗教」が必要であると言っている。そこには理性や知性だけでは解決できない対象者に対するまなざしが必要であることを示唆している。筆者は社会福祉職経験をとおして、社会福祉職には一九七〇年代に風靡した社会福祉労働論（労働条件の安定や社会科学的認識が社会福祉労働を規定するという考え方）だけでは完結できない課題が伴うことを実感してきた。労働条件が安定することは社会福祉職にとって基本的かつ必須の事項であるが、それだけでは十分ではない。この仕事には人権を剝奪されやすい弱者へ向かう仕事の固有性がある。戦後、生存権保障が憲法によって規定されたことによって、人権教育と啓発に重点が置かれてきた。しかし、人権を知識として学ぶことと人権意識が身につくことの間には大きなギャップがある。

この課題をいち早く提起した例として仲田征夫氏の「生活保護ケースワーカーの〝シラケ〟の考察」がある。当時、生活保護のケースワーカーをしていた仲田氏は、自分自身や同僚の中にある対象者への差別性、弱者に対する支配的な感情を明らかにすることによって、人権意識は社会科学的認識や知識だけで獲得することは困難であるとした(7)。また、久田則夫氏は「施設病」という言葉で福祉職員の陥りやすいありようを示した。施設の利用者が施設生活の環境に慣れるにしたがい、自らの個性を失い行動パターンが一律化することが危惧されると同様に、施設職員においても、個性や自分らしさがなくなり、仕事への気力が減退してマンネリ化したワンパターンな援助を行うようになりがちであることへの警告であった。いわば、こうした危険性を伴う仕事として福祉職を位置づけた(8)。

現在、『児童虐待防止法』や『高齢者虐待防止法』が施行されているが、施設職員による虐待は根絶しない。ここには、人権教育が叫ばれる一方で、日本社会の人権意識の希薄さが浮かび上がる。ニーバー自身もこの危険性に気づいて、ソーシャルワーカーは「知的障害者や身体障害者のように、さまざまな限界によって低く見られてきた人々に対応するように求められています。……知的障害者や身体障害者などに対応する場合、宗教によって促され維持される共感が、しばしば、かれらを軽蔑したり嫌悪したりする誘惑に打ち勝つ唯一の力です」(八三頁)と述べている。

社会福祉職には、生活問題や人間の生きざまへの共感だけでなく、苦難の意味への洞察や深い人間観(対象者観)が求められる。さらに、実践の意味づけや使命感が重要な要素となる。これらは宗教によってのみ充足できるというのがニーバーの主張である。つまり、ニーバーがソーシャルワークに宗教が必要だと考えた理由は、彼自身の経験と人間の本性への洞察から社会福祉の固有性に気づいていたからであったとは言えないだろうか。

宗教と社会福祉を考える上で、宗教が社会福祉のみならず、社会問題に対していかに対応していくのかは宗教側の課題である。「宗教と社会」、「教会と社会」をいかに考えるのか。歴史的な視点で見るなら、カトリックのほうが社会活動に精力的であり、プロテスタント・ルター派は静寂主義や最悪の場合は信条主義に退化したというのが本書におけるニーバーの見解である。

旧教が新教よりも社会活動において先駆的な働きをなしてきたことは、仏教にも該当する。カトリックとプロテスタントの関係は、仏教では真言宗・天台宗などの旧仏教と浄土宗・浄土真宗・日蓮宗などの新仏教の対置であり、旧仏教のほうが慈善などの社会活動に熱心で、新仏教はそうした社会活動に関与することに批判的であったと評される。(9)

本書とほぼ同時期に書かれた生江孝之著『日本基督教社会事業史』(教文館出版部、一九三一)の中では、「教会の或る部分では今尚個人の霊魂を宗教的に救い得れば社会は自ら改善されるとの信念の下に個人的救霊を専らとして多くは他を省みざるが如きの状態にあり、或いは又宗教の途は只瞑想と勤行、教義と儀礼に専心すれば足れりと確信している者が少なくない(10)」と、宗教の社会活動への無関心を批判している。その後、一九四〇年出版の竹中勝男著『日本基督教社会事業史』(中央社会事業協会)では、「我国におけるキリスト教会の最も有力なる学者であり、教会の指導者であった小崎弘道の如き人がすでに社会的キリスト教を唱道し、キリスト教は単に個人心魂の救済を事とする宗教にあらず、すすんで社会正義を国民生活において実現すべきものであるとなした[11]」と、キリスト教の社会への対応は前進したととらえている。

その一方で、内村鑑三は「基督教は即ち、社会奉仕教に非ず。倫理的福音に非ず。文化運動に非ず。労働運動に非ず。古い旧い十字架の贖罪教である」と述べ、矢内原忠雄も内村の言葉を受けて「我らは思想家に非ず、交際家に非ず、またいわゆる社会改良家でもない。我らは主イエスキリストの信者である」として、キリスト教が社会活動に重点を置くことを批判している。ここには明らかにキリスト教理解に相違が見られる[12]。

時代を経て、戦後の日本基督教団と社会事業連盟との関係にも同様なことが見られるように、歴史的にプロテスタントは教団も教会も社会福祉を実践することについて必ずしも積極的ではなかった[13]。ここには教会とは、信仰者の集団であり、福音が語られ聖礼典が正しく執行される場であり、福音と聖礼典をもって教会の本質とする伝統的な理解がある。しかし、ニーバーからすれば、教会と社会との間に一線を画すことはできないであろう。

これは宗教と国家・社会との関係性、とりわけ権力との関係・距離をいかにとらえるかに起因する。宗教は社会現象としての社会福祉とどう関わるのか。両者の救済は、社会的救済と宗教的救済との相関・相違という課題はあれ、救済という接点を有する。ところで、社会福祉はキリスト教を必要とするのかという議論と並行して、キリスト教にとって社会福祉は現代の課題であるのかを検証する必要がある。宗教が現代に最も寄与すべき課題は何なのか。ニーバーならば今日の宗教は何に最も寄与できると考えるであろうか。ニーバーは今日こそ、宗教は最も社会福祉に寄与できると語るのではないだろうか。

3　ニーバーのソーシャルワーク観——ソーシャルワーカーへの期待と批判

本書五章の文頭には、現在のソーシャルワーカーを「元牧師［かつて牧師を志したことのある人］」と語るニーバーの言葉がある。本書がソーシャルワーカーを目指し、学んでいる学生たちに対する講演であることを再度確認しておきたい。ニーバーは講演を聞く学生たちに、あなた方は牧師を希望したけれど、牧師にはならず、牧師に代わる現実的な働きをなすソーシャルワーカーになろうとしていると、語り出すのである。ソーシャルワーカーがその活動に、宣教の代替を見いだしているとニーバーが考えている点に注目したい。牧師という仕事を担ったニーバーが、同じ志を有する彼らに対して、大きな期待を寄せているのがうかがわれる。また、ソーシャルワークの仕事はだれもができる仕事ではない、困窮者に出会うことのできたあなた方だからこそ、その窮乏をかれらに代わって訴えることができる、とソーシャルワークに従事することを高く評価する。そして、ソーシャルワーカーは「失われた隣人性の何ほどかを都市生活に取り戻すすべを開発してきました。かれらは、あまり科学的ではなかった時代の自発的な援助者よりも深い理解を持ち、効果的に人間の必要を満たしています」（一〇〇―一〇一頁）と語るのである。

これは、ニーバーがソーシャルワークの専門化・科学化をかなり周知していた上での発言であると考えられる。一九二〇年代がアメリカの「ソーシャルワーク発展期」であると言われるのは、ケースワークの母と呼ばれるM・リッチモンド（Mary E. Richmond 1861–1928）が、イギリスから始まった慈善組織化協会（Charity Organization Societies：COS）から得た友愛訪問の技術を高めて一九二二年『What is social case work?：an introductory description』（『人間の発見と形成――ソーシァル・ケースワークとはなにか』杉本一義訳、誠信書房、一九六三）を著した功績が大きい。そして、その働きに一役を担ったのが、精神分析の理論を基盤にしたフロイトである。S・フロイト（Sigmund Freud 1856–1939）は、リッチモンドと同時代人である。しばしば対象者の対応に苦戦していたソーシャルワーカーは、フロイトの説く人格と行動の形成における幼児体験や情緒にいとぐちを見いだし、対象者の内面に援助の焦点を置くようになっていった。つまりソーシャルワーカーは、フロイト理論の知識体系を基盤とした技術に新しい援助方法を見いだしたと言えよう(14)。このことは、ソーシャルワーカーには、内面的に暖かな宗教的心情があればよいという、それまでの人間性やボランティア性の重視を否定し、科学的知識と経験を要する専門職としての地位を獲得する上での根拠となり、ソーシャルワーカーの専門性が叫ばれるようになった。アメリカ最初のソーシャルワーカー養成校は、一八九八年にリッチモンドが始めたニューヨークCOSの夏期講習であり、それがニューヨーク・ソーシャルワーク大学院に発展する。

ところで、精神分析の理論を基盤に据えたソーシャルワークは、大恐慌を経験したこの時代にどう作用したのだろうか。フーバー大統領は、公的扶助は受給者たちの道徳心を低下させ、こうした援助は政府によるかれらに対する支配となるという理屈をつけて放任する。ニーバーは、「失業手当」がかえって貧困化を促進することを恐れて、政府が適正な「失業手当」を支給していないことに言及している。このような状況の中で、ソーシャルワーカーは援助の対象者を減らすことを目的とし、対象者の内面をますます重視したケースワークを行うようになっていく。たとえば人種、文化的背景、教育程度などが千差万別な失業者に対しても、「失業者たちには仕事を与える代わりに、彼らは何故職を失ったのか、あるいは何故新しい仕事が見つけられないのか[15]」にもっぱら焦点を当てるような援助が試みられる。

ニーバーには、社会構造を顧慮することなく個人の精神的・心理的側面に傾きがちなソーシャルワークの動向に対する批判が大いにあったのだろう。かれ自身も政治にくみしながら、労働組合や農業組合をつくるための「ハイランド・センター」や、人種差別と貧困に取り組む「南部キリスト者の会」の設立に関わっている。根本的解決とはならないソーシャルワークの施策やソーシャルワーカーの保守的傾向について、ニーバーは歯がゆい思いで見ていたに相違ない。ソーシャルワーカーは、社会の構造的な問題であるにもかかわらず、人間関係を改善することで満足している。しかし、貧民のための住宅供給計画や失業保険計画などによって貧困を除去することはできない。人間の必要を充足するには、経済的、政治的見地をもってしか解決されない事柄もあり、新しい社会構造への変革が必要であることをソーシャルワーカーは国民に明白に説明しなければならない、と論じている。

ニーバーは、リッチモンドとは対局的な立場でセツルメント活動を推進したJ・アダムズ（Jane Addams 1860–1935）と親交があった。リッチモンドがケースワークによって個人的・内面的アプローチをとるのに対して、アダムズは社会的、経済的視点を含んだ地域改良によって就労児童の保護や児童公園の整備を推進した。ニーバーはアダムズを通じてソーシャルワークの動向を知りえたのであろう。

さらに、ニーバーの批判は、こうした精神的アプローチに偏りがちなソーシャルワーカーのありようだけではなく、教会とソーシャルワーカーとの関係性に言及していく。ソーシャルワーカーは慈善事業を行う富裕な人々と親密な関係にある。富裕な人々は産業社会で成功した者たちであり、慈善事業を行うことにより自分の生活を安泰に保っており、ソーシャルワーカーは慈善事業家を受け入れることで自分自身の信念を放棄する。ソーシャルワーカーや慈善事業家は中産階級の限界を有しており、そこから解放されることは非常に困難である。中産階級は勤勉や倹約によって快適な生活を手に入れたとする自己満足があり、社会問題や困窮者について無知である。社会構造に起因している貧困に関しても、怠惰な振る舞いや贅沢によってそれを招いたとして責める。こうした態度を有する中産階級が幅を利かせるプロテスタント教会が、社会制度の問題に無関心なのも当然だと、批判の矛先は教会に向けられる。

また、宗教によるソーシャルワークの歴史的考察において、カトリック教会の莫大な組織的慈善活動は、まさしく中世の遺産であると高く評価している。一方ルターは、愛は自発的なものであり、慈善は組織の指導や強制によって行うべきものではないことを強調した。つまり慈善を行うものに対して純粋な宗教的動機を要求しすぎたことが、慈善事業を限定させる要因になった。そして、徐々に信仰は個人主義に移行し、社会問題に対する無関心を引き起こした。また、カルヴァン主義に関しては、当初は精力的な社会活動を行ったが、その関心がすぐに止まってしまって活動は中断された。さらに貧困を怠惰や不道徳の結果と見なし、それがゆえに貧民や困窮者を正義の神は裁くと説いた。このように、本書においてのニーバーの論調は、プロテスタントに批判的であると筆者は考える。ただしニーバーは、敬虔主義運動の中で、プロテスタントの慈善活動も活気づいたと評価している。

宗教改革による宗教と慈善の関係を歴史的に振り返ると、ルターは免罪符の否定、いわば天国行きの切符と慈善事業とを一体化して富を蓄積する教会慈善事業を糾弾した。かれは教区の救済に用いるために、従来の善意の献金を税として強制的に徴収して、共同金庫を制度化した。こうした制度化は、地域による共同体と教会による共同体を統合して貧民救済を実施することになり、のちにヨーロッパの地域福祉を形成していった。しかし、一方で教会による救済の制度化は、それまでの神による貧民観を転換した。神の定めた貧民であるから救済を受けることは当然である、という貧民観からの脱却である。貧民は神が定めたものではなく、その原因は貧民自身にある。「労働能力」を有しない「救済に値する貧民」と、「労働能力」を有する「救済に値しない貧民」とが区別されていき、労働能力を有する貧民には強制労働を課す[16]。この労働重視がプロテスタントの職業倫理を形成していく。「働かざる者食うべからず」はパウロの言葉とされるが、プロテスタントの価値観を的確に表現している。社会福祉が「労働」に関して、政策面においてだけではなく価値においても深く関係しているのは、このプロテスタント思想が底流にある。カトリックは自己の魂の救済のために慈善を位置づけたが、それが結果として他者に対する援助につながった。プロテスタントは信仰による自発的な動機を重視したことが、他者に対する援助から遠のく結果となった。

4 本書から学ぶ社会福祉における宗教の現代的意義とは
――本書の結論とニーバーの確信

それでは、宗教はソーシャルワーカーに何を提供するのか。ニーバーは、当時の大半のソーシャルワーカーは宗教に何の関心も持っていない、そして伝統的な正統主義宗教に付随する「反知性主義（obscurantism）」によって心が傷つけられている、と述べている。一九二〇年代はソーシャルワークの専門化に伴い、宗教の持つ人間性の重視から知性への重視へと移行していることを前述した。ニーバーは、宗教が「反知性主義」と見なされていることに一種の皮肉を込め、宗教的な内省や隣人愛を軽視した知性偏重、そのような内実を有するケースワーク偏重へと向かうソーシャルワーク教育や養成に関して疑義を提起したのではないだろうか。

確かに宗教は、人間の行動に関する科学的な知識や人格研究を提供できるものではない。しかし、ソーシャルワーカーが宗教を積極的に求めるならば、宗教はソーシャルワーカーが困惑する諸問題にも、不屈の精神をもって立ち向かうのを促す、とニーバーは語っている。また、ソーシャルワーカーは、仕事の意味を見いだすことができなかったり、自分の仕事が無駄なことをしているように感ずることがある。なぜなら、人間の愚かさや残酷さは尽きることがなく、それが次々と社会的な困窮を作り出すからである。そして、そのたびにソーシャルワーカーは悲観主義に陥る。しかしながら、ソーシャルワーカーは社会のどんな事象においても善が勝利し、無駄に終わることのない社会を待ち望む希望をあきらめてはならない。宗教は徹底した悲観主義から現れる究極的な楽観主義であり、宗教によってこそ、ソーシャルワーカーは希望を失うことがないのだ、と伝えた。どんな苦難や絶望があろうともその働きを続けようとする意志、否、自分の意志を超えて働く力、これが宗教の活力である。「罪を赦し、『たといあなたがたの罪は緋のようであっても、雪のように白くなるのだ』〔イザヤ一・一八〕との確信をもたらす神の愛は、単なる想像から生まれる虚構ではありません。それは、生活の中に姿を現す現実的な力である癒しの力についての宗教的象徴なのです。自然の中にさえ癒しと救いの力があります。稲妻によって打たれた木がいつも枯れるとは限りません。幹の裂け目は覆われ、その痛みは自然自体の力によって止められます。もし汚染された空気を洗浄する自然の豊かな錬金術がないとしたら、大都市の共同体は窒息せずにどのように存在できたでしょうか」（五四頁）。

また、ソーシャルワーカーの使命感について次のように語っている。ソーシャルワークは宗教的な確信によって強められるときに、はじめて使命感を有する職業としての基盤を固めることができる。すべての職業には、収入を得ることを目的とするのか、職務の内容を求めるのかという葛藤がある。いまなお宗教的機関で働くことを望むソーシャルワーカーは多くあり、彼らの報酬は決定的に低く、カトリック組織の場合は無報酬である。このような事実は、ソーシャルワーカーがいかに収入よりは使命感を求めているかを証ししている。しかし、この発言によってニーバーが、ソーシャルワーカーは収入のいかんを問題としないという聖職意識に立っていると考えるのは早計である。ただ多くのソーシャルワーカーが、宗教によって支えられた使命感によって仕事に従事しているという事実を語ったまでであろう。そしてこれこそが宣教の一環であると考えたのである。

しかしながら、ニーバーはソーシャルワーカーが出会う難問を、単に宗教で、すぐ解決しようとする態度については批判している。宗教はあらゆる問題を神に委ねようとする。そこに神との信頼がある。しかし、それは現実的な問題と格闘した上でのことであるかが問われる。なぜなら、そのことによって再度ソーシャルワークを分析し、有効的な方法を得られることもあるからだと述べる。このようにニーバーは、理性や知性を否定しているのではなく、知性偏重によって宗教を否定することに対して批判しているのである。そして本書において、ニーバーがソーシャルワーカーを目指す学生たちに最も伝えたい箇所が示される。「ソーシャルワーカーには宗教の洞察が必要です。それは、かれらが責任を負っている人々に対する態度を健全に保つためだけでなく、そこにおけるかれら自身の、生の営みに対する見方と特殊な使命の健全さを維持するためにも必要です。何らかの宗教がなければ、あなたの使命の重要性を確実なものとすることも、あなたがその一部を担っていると考えている健全な道徳的活動を確信することもできません」（八七―八八頁）。

次に宗教社会福祉の独自性を、本書より考察してみよう。ニーバーの時代は社会福祉の国家による関与が徐々に増進しつつある状況であり、現代の状況とただちにこれを比較考察することはできない。そのことを念頭に置いた上で、ニーバーが宗教社会福祉の意義をどう考えていたのかを見てみよう。ニーバーは、当時のソーシャルワークの四分の三が非宗教的機関によって実施されており、ソーシャルワークは宗教によって開始され行われてきたとはいえ、今日の世俗化は当然のことであると述べている。だからソーシャルワークを宗教機関によって行うか否かにはこだわってはいない。それどころか宗教的な事業には限界があって、公的部門がソーシャルワークの主流を担うのは必然であると考えている。宗教によるソーシャルワークの役割は、社会がまだ認知していない問題を発見するところにある。だから社会がその問題への対応の責任を認めたならば、社会の役割に移行していくことが重要である。つまり、宗教社会福祉は、社会の必要を素早く見いだし、これに着手していくこと、そしてそれを公的な事業に移行していくことにその働きが課せられていると考えている。このようにニーバーは、宗教社会福祉の役割を民間の先駆性・開拓性・創意工夫性・自発性においた。宗教は国家の肩代わりを行うことに意味があるのではない。国家が吸い上げる課題と宗教との課題は本質的に異なることを見据えていた。

最も宗教的な働きであるホスピスやビハーラなどのターミナルケアも、今日では一般の医療分野に緩和ケア病棟として制度化されている。明らかに宗教から発した活動も世俗化して、一般施策に取り込まれていく。つまり宗教から出発した活動が、宗教としての独自の価値を失っていく。しかし、このことがなされてはじめて宗教が社会福祉に根付いたことになり、その積み重ねによって、宗教が社会福祉の質を変えていく。しかしながら、基盤となった思想を世俗化によって忘却するなら、それは「精神のないソーシャルワーカー」に成り下がるであろう。

ニーバーの時代は、社会福祉が世俗化して国家の政策に移行していく時代における宗教的機関の働きが語られるのであるが、今日の日本の社会福祉の実情を省みるとき、一旦は国家の政策のもとで遂行することが原則とされてきたそのあり方が大きく変わり、自己責任論が叫ばれる状況の中で、いま一度、国家の政策を問い直す働きを宗教社会福祉がいかに担うべきかが問われているように思われる。皮肉にも八十年の時を越えて、宗教社会福祉の役割は国家の政策としての社会福祉の役割を正し、推進するという共通した課題を担っている。

ところでニーバーは、ソーシャルワーカーがキリスト者でなければならないとは言っていないし、宗教的機関で働くソーシャルワーカーが優秀であるとも言っていない。これは、現代のクリスチャンコードを考える上で示唆的である。ニーバーは、ただソーシャルワーカーが対応する人たちの中に内在する宗教の力を見いだすことが重要であり、これに気づくことによって、援助の対象者が混沌から秩序にいたる方策を見いだすことができると述べる。だから非宗教的な機関で働くソーシャルワーカーであっても、宗教による力は発現しうると考えている。「わたしの知人の非常に聡明なソーシャルワーカーは、かれ自身は無宗教ですが、問題児を扱う際にいつも子どもたちの宗教的な遺産を強化することにしています」（五二頁）と述べていることにそれは示唆されている。さらにニーバーが、ソーシャルワーカーは対象者やかれらを取り巻く人々の中に宗教を創造するのではなく、現存する宗教的遺産を活用するべきだ、と言っているところに注目したい。

ではニーバーの考えるこうした宗教による力、つまり「宗教的な遺産」とは何なのだろうか。真実の宗教の中には謙遜や悔恨が存在しており、自己への厳しい反省と隣人に対する寛容さが内在する。こうした寛容さが都市生活で起こる摩擦を緩和する作用を持ち、健全な社会を作り出すための原動力となって、隣人の困窮にも関心を持たせるようになる。宗教がとりわけ効果を発するのは、家族間の問題であると言う。なぜなら、宗教は親密な関係の中で最高に作用するからである。崩壊した家族や限界状況にある家族の問題を扱うソーシャルワーカーは、家族の中に存在している宗教的力を強化し、活用することによって、問題解決を図る一助となすことができる。さらに、地域においても宗教的な団結力は大きい力を持つ。宗教共同体において行われる宗教的な慣習は共同体を堅固に親密にする。しかし、こうした伝統的な慣習は今日の大都市での生活においてはほとんど存在しない。現代人は宗教上の生活規則や慣習から解放されて、どんな偉大な伝統にも関わろうとはせず、そのため何の束縛もない混沌とした社会をつくってしまっている。もし現代にマッチした新しい人間関係を築く文化をつくり出すことができないのなら、伝統的な慣習を維持したほうがまだよいとも述べている。

対象者の中に存在する宗教的力はキリスト教圏である欧米独自のものである。欧米文化はキリスト教を土台に形成されてきた。ニーバーは、そうした伝統はもう都市社会では見られないと述べるが、人間の精神基盤としてキリスト教文化が根付いているからこそ、宗教的力を活用することができる。これは、社会福祉における方法としてのソーシャルワークが、アメリカ文化を基盤として編み出されていることからも説明できる。一方、日本においてこうした宗教的力は存在するのだろうか。昨今のわが国では、地域福祉を福祉推進の主流としていこうという政策指導が行われているが、その地域の寺院にしても教会にしても、宗教が地域にあって必ずしも地域に根を下ろしていない状況はキリスト教圏とは大きく異なるように見える。

最終章において、ニーバーは、宗教とソーシャルワークおよびソーシャルアクションとの関係を語っている。

社会福祉は資本主義体制によって生ずる社会問題への政策的対応の一つである。社会問題に対応するのは社会改良としての社会福祉と資本主義体制を構造的に改革しようとする社会主義である。

社会福祉は資本主義体制自体を変革しようとする社会主義の立場からつねに批判されてきた。キリスト教は、「サマリヤ人のたとえ」に代表されるように弱者への愛を強調するがゆえに、人々に慈善事業や社会福祉へと向かう志を引き起こし、社会問題のひずみから生まれた援助対象者に出会っていった。しかし、その過程で問題自体の解消を図ろうとすれば社会福祉では不十分であることに気づく。ニーバーはこの過程を指して、ソーシャルワーカーは自分の実践に意義が見いだせず、大海の水をコップですくっているような虚無感にしばしば襲われる、と表現している。往々にしてこうして社会福祉という働きの矛盾に出会ったキリスト者は、キリスト者であることも社会福祉も捨てて社会主義者になったり、一方でキリスト者のままで活動から退く者もいた(17)。

ところで、ニーバーは一貫して、本書ではキリスト教とは言わず「宗教」と言っている。しかし、第六章においてはキリスト教を明確に打ち出し、ソーシャルワークを推進する原動力になりうる教会を希望を持って描いている。もし教会が賢明ならば、宗教的理想と政治的理想との葛藤を解決することができるだろう。教会が提供できる慈善が社会の窮状の根本的な解決にならないことを知った上で、社会の窮状に関する経済的、政治的要因を分析することもできるだろう。そして、すべての慈善事業の中にある自負心を減少させることもできるであろう。ニーバーは、このように教会のありようを描くことによって、当時の教会の問題点を浮き彫りにした。

それでは、本書において、宗教とソーシャルワークとソーシャルアクションはどのように関連づけられるのだろうか。ニーバーの言うソーシャルアクションとは、ソーシャルワークと対峙した社会変革活動のことである。ソーシャルワークは、それ自体で自己完結するものではなく、宗教の活力を媒介としてソーシャルアクションにつながることによって社会変革をなしうる。つまり宗教は、ソーシャルワーカーに活力を提供して、ソーシャルアクションを促進する一助となる。

5 おわりに

宗教社会福祉は、とりわけ福祉の根源的な価値や思想の課題に関わる学問である。戦後日本の社会福祉は、大きく政策論と技術論に二分化してその本質がとらえられてきたが、その間にあって政策や技術を導く「福祉の思想」が一貫して問われてきた。一九六〇年代に著された糸賀一雄の『福祉の思想』（日本放送出版協会、一九六八）は、社会福祉のバイブルとして今日まで読み継がれている。この福祉の思想として、生存権や人権を基盤としてうたいながら、人権の侵害や虐待を温存させてきたのも事実である。このように社会福祉実践はその実践を担う従事者の生き方、倫理や人間観に深く関わる。戦後の社会福祉教育の中では「社会福祉学は、その人が自らの人生を主体的に切り開き、自己実現できるようにする支援の実践の方法を体系化させることに深く関わる学問である」[18]と言われるように、思想や哲学的な命題を含みながら、それらをソーシャルワークの技法として組み入れ、専門的技術の修得に重点が置かれてきた。

再度本書に立ち返ってみると、アメリカの社会福祉は人間関係の調整に重点を置く「実践・技術学」に傾倒して発展してきた。ソーシャルワークを発祥し、専門化・組織化したのはアメリカの地であった。宗教から脱皮し、科学的な知性に裏付けられたことが専門性の確立を促進した。本書がアメリカのソーシャルワークが躍動的に発展する時期に書かれたことを考えると、技術論的な視点ではなく宗教的、思想的にソーシャルワークを吟味する機会がニーバーによって与えられた意義は大きい。第一線の社会福祉研究者であるP・リー（Poter R. Lee）が、ニーバーの議論をソーシャルワーカーの視野を広げてくれるだろうと評価したことも、技術に偏りがちだと言われたアメリカのソーシャルワークの歴史を再考する一助になるであろう。精神的傾向に傾きがちなソーシャルワークに、ニーバーが厳しい批判をしていることは、かれの社会的な言動がこれをなさしめたのであろう。しかしながら、意識的にであったかどうかにかかわらず、ニーバーがソーシャルワークの思想の重要性を提起した点は、今日においても社会福祉の指針を提供するものである。

本書は、髙橋氏によればニーバー研究の中ではほとんど顧みられなかった小著であるが、キリスト教社会福祉学会では、阿部志郎氏によってすでに何度も俎上に上げられている。『キリスト教社会福祉学会誌』三四号には、本書の一文が紹介されている(19)。

宗教と社会福祉の関係性は、アメリカと日本ではまったく異なる。全人口の八〇パーセントがキリスト者であり、その数値にほとんど変化がないというアメリカの社会と、一パーセントにも満たない日本の社会とでは、とりわけキリスト教と社会福祉の関係に共通点は見いだしにくい。まして、日本における宗教と社会福祉の関係は、戦後の政教分離による分断から未だ完全に回復していない。しかしながら、ニーバーが宗教を語るときの視点には、時代を超え社会を超えて示唆するものがある。それが宗教に内在する普遍性である。宗教社会福祉は社会福祉が混迷している現代に、本書を含む「宗教的遺産」でもって提言する可能性を大いに秘めている。

注

（1）平田忠輔『現代アメリカと政治的知識人——ラインホルド・ニーバーの政治論』、法律文化社、一九八九年、四〇頁参照。

（2）ディセント（dissent）とは「異議を申し立てること」であり、『日本キリスト教社会福祉学会の存在意義と使命』では、ディセントの聖書的理由として箴言三一・八―九「あなたの口を開いて弁護せよ。ものを言えない人を、犠牲になっている人の訴えを。あなたの口を開いて正しく裁け、貧しく乏しい人の訴えを」（新共同訳）という箇所を挙げている。また、阿部志郎「キリスト教社会福祉についての覚書」『キリスト教社会福祉学研究』三四号（二〇〇二年）でもディセントについて論説している。

（3）慈善事業、博愛事業、社会事業、社会福祉に関する概念規定に関しては、慈善事業は、哀れみや同情、慈しみの心を持った者が対象者に慈善行為を行うこと。博愛事業は、人道主義的な道徳観からもたらされる行為であるが、その主体は経済的に裕福な者であり、必ずしも宗教と関係があるわけではない。産業革命後、富を蓄積した資本家や富者により社会的救済に向けられた行為を言うが、慈善事業に含めることもある。社会事業は、資本主義社会の構造的欠陥から派生する生活問題に対して専門性、科学性、組織性をもって国家により実施、対処していくことと分別できる。また社会福祉とは、権利性（国家責任）、普遍性がある点で社会事業とは区分される。本解説ではこれらを「社会福祉」と総括して述べた。

（4）平野武氏は憲法八九条の解釈に関して、現実の国家と宗教の関係には調整すべき問題があるとした上で、宗教系学校や公立病院のホスピス、ビハーラに対する助成と、靖国や国家神道の問題とは同列に扱うことはできないとしている。これにより社会福祉活動への助成の正当性も述べられていると言えよう。平野武『宗教と法と裁判』晃洋書房、一九九六年、六三頁参照。

（5）秋山智久氏は、宗教的理念を持つ社会福祉法人に対する行政指導に関して論点を整理して反論している。秋山智久「キリスト教社会福祉の公共性と独自性」『基督教社会福祉学研究』二五号、一九九三年、七三—七四頁参照。

（6）髙石史人『仏教福祉への視座』永田文昌堂、二〇〇五年、三一頁。

（7）仲田征夫「生活保護ケースワーカーの〝シラケ〟の考察」『社会福祉研究』第一七号、一九七五年。

（8）久田則夫『施設職員実践マニュアル――インフォームド・コンセントにもとづいた利用者主体の援助プログラムの勧め』学苑社、一九九六年。

（9）松野純孝氏は、聖徳太子をはじめ行基、最澄、空海と言った仏教の先人たちはひとしく慈善救済を行ったが、こうした先達たちの思想や行動に影響を受けて鎌倉時代に新しく起こった仏教者親鸞、日蓮、道元などにはこのような活動は見られず、新仏教では慈善救済に従わなかったのに対し、既成の旧仏教では積極的であったということが一応言えると思われる、と述べている。松野純孝「鎌倉仏教と慈善救済」『佛教思想史論集』大蔵出版、一九六四年。

（10）生江孝之『日本基督教社会事業史』教文館出版部、一九三一年、三〇六頁。

（11）竹中勝男『日本基督教社会事業史』中央社会事業協会社会事業研究所、一九四〇年、七九頁。

（12）矢内原忠雄『キリスト教入門』岩波書店、一九八一年、五頁、一八頁。なお、「基督者の信仰」が執筆されたのは一九二一年で、聖書研究社から出版された。一九三七年に改訂版が出ている。

（13）日本基督教団が社会福祉実践に対して協力的ではなかった戦後の経緯が示されている。阿部志郎「教会と社会事業」『「キリスト教と社会福祉」の戦後』海声社、二〇〇一年。

（14）一八六九年ロンドンの慈善組織化協会（COS）はアメリカに渡り、一八七七年バッファローで最初に組織化された後、急速に全州に波及していく。その活動内容はボランティアである友愛訪問員が貧困者や失業者の個々の家庭を訪問して、相談を受け自立を促したり、指導にあたることであった。この仕事で、友愛訪問員が獲得した対象者への援助方法がM・リッチモンドによってケースワーク技術として確立する。ケースワーク技術を持つ専門職であるソーシャルワーカー養成のための社会事業学校ができてくるのも一九二〇年代である。無給ボランティアとしての友愛訪問員が手探りで自己流でやってきた対応が、科学的に専門職として位置づけられた。

(15) ウォルター・I・トラットナー『アメリカ社会福祉の歴史――救貧法から福祉国家へ』古川孝順訳、川島書店、一九七八年、二一二頁参照。

(16) 吉田久一・岡田英己子『社会福祉思想史入門』勁草書房、二〇〇〇年、四八―五七参照。

(17) 西川淑子「初期社会主義者の慈善事業批判――社会事業と社会主義の相克」『龍谷大学社会学部紀要』一五号、一九九九年。

(18) 大橋謙策「戦後社会福祉研究と社会福祉教育の視座」、一番ヶ瀬康子・大友信勝・日本社会事業学校連盟編『戦後社会福祉教育の五十年』ミネルヴァ書房、一九九八年、四六頁。

(19) 阿部志郎「キリスト教社会福祉についての覚書」『キリスト教社会福祉学研究』三四号、二〇〇二年、一九頁参照。

参考文献

・高橋義文『ラインホールド・ニーバーの歴史神学――ニーバー神学の形成背景・諸相・特質の研究』聖学院大学出版会、一九九三年。

・チャールズ・C・ブラウン『ニーバーとその時代――ラインホールド・ニーバーの預言者的役割とその遺産』高橋義文訳、聖学院大学出版会、二〇〇四年。

・ニーバー『道徳的人間と非道徳的社会』大木英夫訳、白水社、一九九八年。

・鈴木有郷『ラインホルド・ニーバーとアメリカ』新教出版社、一九九八年。

・平田忠輔『現代アメリカと政治的知識人――ラインホルド・ニーバーの政治論』法律文化社、一九八九年。
・髙石史人『仏教福祉への視座』永田文昌堂、二〇〇五年。
・吉田久一・岡田英己子『社会福祉思想史入門』勁草書房、二〇〇〇年。
・一番ケ瀬康子『アメリカ社会福祉発達史』光生館、一九六三年。
・小林清一『アメリカ福祉国家体制の形成』ミネルヴァ書房、一九九九年。
・ウォルター・I・トラットナー『アメリカ社会福祉の歴史――救貧法から福祉国家へ』古川孝順訳、川島書店、一九七八年。

訳者あとがき

本書は、Reinhold Niebuhr, *The Contribution of Religion to Social Work*（New York : Columbia University Press, 1932）の全訳である。翻訳には、AMS Press（New York）発行のリプリント版（一九七一年）を用いた。

まえがきや序文に明らかなように、本書は、ニューヨーク・ソーシャルワーク大学院（のちのコロンビア大学ソーシャルワーク大学院）における「フォーブス講演」と称する講演シリーズの第二回として、一九三〇年になされたラインホールド・ニーバーの講演である。

巻末に、訳者二人がそれぞれの専門の視点からまとめた「解説」を付した。本書理解の一助にしていただければ幸いである。

＊　＊　＊

翻訳は、西川淑子准教授が長年にわたってつくられた暫定的な訳にわたしが全体にわたって手を入れ一応の訳を完成させ、それを西川准教授が詳細に検討し、その結果をわたしがさらに検討し必要な修正を加えるという形でなされた。訳者の間での検討と修正の作業は、校正の段階でも数度にわたって繰り返され最終稿にいたった。

二人の訳者による共同の作業ではあるが、訳文検討の最後の判断をした者としてその最終責任はわたしにある。誤りや不十分な部分もあるかと思う。読者諸氏のご指摘・ご教示をいただけたら幸いである。

本書の上梓にあたって、共訳者の西川准教授に、早くよりこの書に注目してこられたことに対し、ニーバー研究に携わる者としてとくに感謝申し上げたい。というのは、「解説」に記したように、ニーバーの著作の中で、本書は、同じ年に出版されたニーバーの出世作『道徳的人間と非道徳的社会』の輝かしい登場の陰に隠れ、ニーバー研究の分野では、その固有の意義についてそれほど注目されてこなかった著作であるからである。

もちろん社会福祉の分野では別であったであろう。たとえば、わが国では、阿部志郎先生（元横須賀基督教社会館館長、現会長、神奈川県立健康福祉大学名誉学長）が早くよりこの書に注目されてきたという。阿部先生は、ユニオン神学大学院でニーバーの謦咳に接する機会を得られた、わが国で数少ない（おそらく唯一の）社会福祉の専門家である。西川准教授も、この書の意義を高く評価してこられたが、それだけでなくこの書を翻訳し広く人々の目に触れるようにしたいという願いを持たれた。その情熱に敬意を表したい。それがなければ、この書の出版が日の目を見る機会はなかったかもしれない。あったとしてもおそらく相当遠い将来になったのではないかと思う。このような翻訳に協力をさせていただく機会が与えられたことに感謝を覚えている。

翻訳にあたり、ニーバーに直接師事された大木英夫先生（学校法人聖学院理事長）から本書の背景となるニーバーの思想についてご教示をいただいたことにとくに感謝したい。また、聖学院大学大学院人間福祉学研究科教授柏木昭先生は、そのご専門の眼で原著と引き合わせながら訳稿の全体に目を通し、幾多の貴重な修正のご提案をくださった。お陰で訳文を相当修正することができた。原書英文の理解については、聖学院大学総合研究所准教授ブライアン・バード先生の助けをいただいた。両先生に心から感謝を申し上げたい。

（髙橋義文）

＊　＊　＊

ラインホールド・ニーバーを知ったのは、教会生活を送る中でのかの有名な「平静の祈り」を通してであった。この祈りがニーバーのどの著作にあるのかを調べるうちに、ニーバーがソーシャルワークに関する本書を著していることを知った。その時の感動はいまでも鮮明によみがえってくる。ところが本書は翻訳されておらず失望を禁じえなかったのだが、原著を同志社大学で手に取ることができたとき、一念発起して翻訳を決心した。三年ほどかけて全訳したところで、日本キリスト教社会福祉学会で報告する機会に恵まれた。翻訳出版を勧めてくださった方もいたが、自信が持てずそのまま読み返し読み返ししながら十年が経過した。その間に、学会報告を聞いてくださった松本周先生（現聖学院大学総合研究所助教）を通して聖学院大学総合研究所教授深井智朗先生と聖学院大学出版会への道が拓けた。

そして、今回出版にあたってニーバー研究者の高橋義文先生が全文、詳細に見直してくださり完成させてくださった。髙橋先生に心から感謝している。

最後に、私が翻訳を始めた数年間、北米バプテスト綜合宣教団・元宣教師ライマー・クラウセン氏、およびお連れ合いの信子さんにご助言いただいた。お二人の支えがなかったら、私はこの「難書」にすぐに音を上げ挫折していたであろう。カナダに帰国されたお二人に厚くお礼申し上げる。


（西川淑子）

＊　＊　＊

ニーバーの思想に関心のある方、広く社会の問題とりわけ社会倫理の問題に関心のある方、また、社会福祉、ソーシャルワークに関心のある方、実際にその仕事に就いておられる方々だけでなく、将来この分野で働く準備をしている方々等、幅広い分野の方々に読んでいただけたら幸いである。

出版にあたり、聖学院大学出版会の皆様、とりわけ出版部長の山本俊明氏にひとかたならぬお世話をいただいた。記して心からの感謝を表す次第である。

二〇一〇年　一月

人名索引

あ

アウグスティヌス　Augustine …… 14
アクィナス，トマス　Aquinas, Thomas …… 20,110
アッシジのフランチェスコ　Assisi, St. Francis of …… 83
アンソニー，スーザン B.　Anthony, Suzan B. …… 22
イエス　Jesus …… 13,41,48,63,72,81,112,114
ヴィヘルン，ヨハン・ヒンリッヒ　Wichern, Immanuel …… 121
ウィルバーフォース，ウィリアム　Wilberforce, William …… 23,24
ヴェーバー，マックス　Weber, Max …… 90
エドマン，アーウィン　Edman, Irwin …… 50
エリオット，T.S.　Elliot, T. S. …… 51
オウエン，ロバート　Owen, Robert …… 107
オマル・ハイヤーム　Omar Khayyam …… 55
オリゲネス　Origen …… 12

か

キプリアヌス　Cyprian …… 12
クリュソストモス　Chrysostom …… 14
クルーチ，ジョセフ・ウッド　Krutch, Joseph Wood …… 91
グレイ，B.K.　Gray, B. K. …… 45
クレメンス，アレクサンドリアの　Clement of Alexandria …… 12,38
コルテス　Cortéz …… 90
コンスタンティヌス　Constantine …… 14

さ

サル，フランソワ・ド　Sales, Francis of …… 21
ジェイムズ，ウィリアム　James, William …… 76
シェークスピア，ウィリアム　Shakespeare, William …… 66
シャフツベリー伯　Shaftesbury, Lord …… 23,24
シュヴァイツァー，アルバート　Schweitzer, Albert …… 83
シュペーナー，フィリップ・ヤーコプ　Spener, Philipp Jacob …… 21
シュペングラー，オズワルト　Spengler, Oswald …… 51
スティーヴンソン，ロバート・ルイス　Stevenson, Robert Louis …… 61

た

ダミエン神父　Damien, Father …… 83
テューク，ウィリアム［サミュエル］　Tuke, William …… 22
デュボア，ベルンの　Dubois, of Berne …… 61
テルトゥリアヌス　Tertullian …… 11

な

ニコルソン，ティモシー　Nicholson, Timothy …… 23
ネイサン，ジョージ・ジーン　Nathan, George Jean …… 89
ネルソン，ロバート　Nelson, Robert …… 36

は

バーネット司祭　Barnett, Cannon …… 24
パウロ，使徒　Paul, the Apostle …… 13,31,34,96
バビット，アーヴィング　Babbitt, Irving …… 86
ハワード，ジョン　Howard, John …… 22,84
ヒンクル，ビアトリス　Hinkle, Beatrice M. …… 49
ブース，ウィリアム　Booth, William …… 24

フライ，エリザベス Fry, Elizabeth …… 22
フランケ，アウグスト・ヘルマン Francke, August Hermann …… 21
フレデゴンド王妃 Fredegonde, Queen …… 16
ヘンリー八世 Henry VIII …… 23
ボーデルシュヴィング Bodelschwingh …… 22
ポール，ヴァンサン・ド Paul, Vincent de …… 21
ポリュカルポス Polycarp …… 32
ホワイト，アンドリュー White, Andrew …… 71

ま

ムーア，T. Y. Moore, T. Y. …… 67

や

ユリアヌス，背教者 Julian, the Apostate …… 14

ら

ルター，マルティン Luther, Martin …… 19-, 33, 35
レイクス，ロバート Raikes, Robert …… 24
ロスコモン伯爵 Roscommon, Earl of …… 74

事項索引

〔訳者紹介〕

髙橋　義文（たかはし　よしぶみ）

アンドリューズ大学大学院修士課程および東京神学大学大学院博士課程修了。神学博士（東京神学大学）。三育学院短期大学教授・学長，エモリー大学客員研究員を経て，現在，聖学院大学大学院・総合研究所教授。
〔著訳書〕『キリスト教を理解する』（福音社，1983年），『ラインホールド・ニーバーの歴史神学』（聖学院大学出版会，1993年），チャールズ・C・ブラウン『ニーバーとその時代』（同，2004年），ジョン・ウィッテ『自由と家族の法的基礎』共監訳（同，2008年），W・パネンベルク『現代に生きる教会の使命』共訳（同，2009年）など。

西川　淑子（にしかわ　としこ）

同志社大学大学院文学研究科修士課程修了。龍谷大学社会学部臨床福祉学科准教授。
〔著書〕『新版　高齢者福祉』共著（学文社，2006年），『人物でよむ近代日本社会福祉のあゆみ』共著（ミネルヴァ書房，2006年），『軽費老人ホーム実態調査報告書』共著（龍谷大学国際社会文化研究所，2005年）。

ラインホールド・ニーバー
ソーシャルワークを支《ささ》える宗教《しゅうきょう》の視点《してん》
――その意義《いぎ》と課題《かだい》――

2010年２月５日　初版第１刷発行
2011年７月11日　　　　第２刷発行

訳　者　髙　橋　義　文
　　　　西　川　淑　子
発行者　大　木　英　夫
発行所　聖学院大学出版会
〒362-8585　埼玉県上尾市戸崎１－１
電話 048-725-9801
Fax. 048-725-0324
E-mail: press@seigakuin-univ.ac.jp

ISBN978-4-915832-88-8　C0036

光の子と闇の子
デモクラシーの批判と擁護

R・ニーバー 著
武田清子 訳

アメリカの政治倫理学者、R・ニーバーの主著の一つである本書は、デモクラシーという、現代世界において、再考を求められている思想原理を批判し、擁護する。権力が対立し、政治と経済が相剋する現実にあって、正義と自由を確立するためには、いかなる指導原理が存在するのか。人間の悪の問題の把握において深い洞察を欠いているマルクス主義、キリスト教思想の楽観主義を批判し、デモクラシー思想に基づくデモクラシー原理の正当性を弁護する。

四六判 二二四三円

978-4-915832-03-1 (1994) (4-915832-03-1)

アメリカ史のアイロニー

R・ニーバー 著
大木英夫
深井智朗 訳

アメリカは二〇世紀の半ば、突如として、国民的経験も精神的準備もないままに世界史的勢力として台頭し、世界史の中に踊り出た。この「大国」アメリカはどこに向かうべきか。本書は、原書が一九五二年に出版されているが、世界史的「大国」アメリカの問題を「権力の腐敗」の問題として鋭く抉り出し、アメリカを自己認識と責任意識へと導こうとする、現代の問題をも照射するアメリカ論の新訳である。付録として巻末にニーバーの「ユーモアと信仰」を所収。

四六判 三九九〇円

978-4-915832-44-4 (2002) (4-915832-44-9)

ラインホールド・ニーバーの歴史神学

ニーバー神学の形成背景・諸相・特質の研究

高橋義文著

神学者、社会活動家、政治哲学者、倫理学者、歴史哲学者、文明批評家等々幅広い活動を展開したR・ニーバーの神学思想を解明する気鋭の書き下し。ニーバー神学形成の背景（青年期のニーバーを育んだ教会とその神学的土壌、デトロイトでの牧会、ユニオン神学大学への赴任）、ニーバー神学の教義的諸相（中期のニーバーの思想を丹念に追い、神話・象徴・啓示、人間、終末論、キリストなど）、ニーバー神学の特質の三部からなる。（平成五年度文部省科研費交付図書）　四六判　四四八六円

978-4-915832-06-2（1993）（4-915832-06-6）

ニーバーとその時代

ラインホールド・ニーバーの預言者的役割とその遺産

チャールズ・C・ブラウン著

高橋義文訳

「預言者的現実主義者」として、アメリカの神学者だけでなく、政治学者また政治家たちに多大な影響を与えたラインホールド・ニーバーの伝記。数多くのニーバーの伝記の中でニーバーの思想の意味をニーバーの生きた時代・社会との関連を明らかにしながら解明する「バランスのとれた伝記」として高く評価されている。

A5判　六三〇〇円

978-4-915832-49-9（2004）（4-915832-49-X）

ピューリタン

近代化の精神構造

大木英夫著

著者は、近代の成立をルネッサンスと宗教改革に求め、非宗教化と捉える俗説を排し、近代の起源を、「教会と国家の分離」「人間の個人化」「契約社会への移行」という構造変化に見出す。その構造変化の担い手としてのピューリタンたちの運動の思想史を描く。名著『ピューリタン』の改訂新著。

四六判　二一〇〇円

978-4-915832-66-6（2006）（4-915832-66-X）

現代に生きる教会の使命

W・パネンベルク著
大木英夫
近藤勝彦　監訳

ヴォルフハルト・パネンベルクの倫理学と教会論からなる論文集の後半部。前半部は一九九二年、同じく聖学院大学出版会から刊行された『キリスト教社会倫理』である。パネンベルク神学の観点から「教会の意味」について、その「使徒性や普公性」、また今日緊急な問題になっている「聖餐の理解」について、教えるところが多い。本書はまたパネンベルクの「エキュメニズム」論を提示している点でも重大である。

四六判　三七八〇円

978-4-915832-86-4（2009）